JN450401

Эвенские сказки

예벤인 이야기

<지식을만드는지식 소설선집>은
인류의 유산으로 남을 만한 작품만을 선정합니다.
오랜 시간 그 작품을 연구한 전문가가
정확한 번역, 전문적인 해설, 풍부한 작가 소개, 친절한 주석을
제공하는 고급 소설 선집입니다.

지식을만드는지식 소설선집

시베리아 설화집

Эвенские сказки

예벤인 이야기

작자 미상

이경희 옮김

대한민국, 서울, 지식을만드는지식, 2018

편집자 일러두기

• 이 책은 ≪Эвенские сказки, предания и легенды≫(Клавдия Александровна Новикова, Магаданское книжное издательство, 1987), ≪Фольклор эвенов Берёзовки≫(В. А. Роббек, Институт проблем малочисленных народов Севера СО РАН, 2005)를 원전으로 옮긴이가 가려 뽑아 번역했습니다.

• 주석은 모두 옮긴이가 단 것입니다.

• 외래어 표기는 현행 한글어문규정의 외래어표기법을 따랐습니다.

차 례

예벤인 이야기

새와 쥐가 싸운 이야기

새와 쥐가 함께 살았다. 새와 쥐는 겨울을 나기 위한 식량을 장만하기 시작했다. 쥐가 새에게 말했다.

"새야, 이렇게 하자! 먼저 네 식량을 먹자. 그러고 나서 네 식량이 다 떨어지면 내 것을 먹자."

새는 그렇게 하자고 했다. 새의 식량은 땅 위에 있었고, 쥐는 식량을 땅속에 숨겨 놓고 있었다.

새와 쥐는 얼마 동안 새의 식량을 먹으며 지냈다. 새의 식량은 순식간에 다 없어졌다.

새는 식량이 다 떨어지자 쥐에게 말했다.

"쥐야, 내 식량이 다 떨어졌어! 이제 네 식량을 먹어야겠어."

쥐는 그 말을 듣자 땅속의 자기 집으로 뛰어갔다. 집에 도착해서 새를 불렀다.

"친구야, 들어와! 우리 집으로 들어와. 수줍어하지 마!"

새는 쥐의 집으로 들어가려고 했다. 그러나 아무리 노력을 해도 들어갈 수가 없었다. 날개가 구멍 입구에 끼였다.

그러자 쥐가 새에게 말했다.

"들어오지 못하면 어쩌겠어. 너 혼자 살아야지!"

화가 난 새가 쥐에게 불평하기 시작했다.

"나를 속이다니! 네가 어떻게 친구라고 할 수 있어! 네가 그렇게 할 줄 알았다면 내 식량을 먹이지 않았을 거야. 이제 어떻게 살라고? 방법은 하나밖에 없어. 내 주인이신 독수리에게 가서 하소연하는 수밖에."

쥐가 말했다.

"겁주지 마! 내게도 주인이 있어. 나도 내 주인이신 뱀에게 가서 이를 수 있어."

새는 혼자서 살게 되었다. 힘들었다. 하루 종일 날아다니며 먹이를 찾았다. 그러나 도대체 겨울에 무엇을 찾을 수 있단 말인가? 모두 눈에 덮여 있었다.

그러던 어느 날 새가 나무 사이를 날아다니며 먹을 것을 찾고 있는데 독수리가 날아왔다.

독수리가 새에게 물었다.

"너는 어째서 늘 그렇게 날아다니니?"

새가 말했다.

"먹을 것이 없어요."

"어째서 미리 준비해 놓지 않았니?"

"미리 준비했어요. 그런데 쥐가 저를 속였어요. 제가 미리 준비해 둔 식량을 다 먹어 치웠어요."

새는 독수리에게 그동안의 일을 다 이야기했다.

독수리가 말했다.

"걱정하지 마. 우리가 회의를 열어서 쥐더러 네게 식량을 주라고 할게. 내가 쥐의 주인인 뱀에게 그렇게 하라고 말할게. 우리 친척들인 여러 새들을 회의에 오라고 불러. 쥐에게 가서 말해. 땅속에 사는 모든 짐승에게 회의에 오라고 말하라고 해."

독수리가 가 버리자 새는 쥐의 집으로 가서 회의에 대해 말해 주었다.

쥐가 말했다.

"무엇 때문에 모이는 거야? 아무리 그래도 나는 식량을 네게 주지 않을 거야."

"내 주인이신 독수리께서 그렇게 말했어. 가서 네 친척들을 불러와!"

쥐는 친척들을 부르러 갔다. 새도 친척들에게 회의에 대해 알리려고 날아갔다.

얼마 후 회의가 열렸다. 모두 모였다. 오리, 거위, 메추리, 멧닭, 들꿩, 백조, 까마귀 들이 왔다. 새들의 주인인 독수리가 왔다. 쥐의 친척들인 다양한 종류의 지렁이들이 자신들의 주인인 뱀과 함께 왔다.

독수리가 말하기 시작했다.

"새들과 땅속에 사는 짐승들은 들어라! 가을에 새와 쥐가 함께 식량을 장만했다. 모두들 그것에 대해 잘 알 것이다. 둘은 새가 장만한 식량을 먹는 동안은 정답게 살았다. 그런데 지금 새는 굶어 죽게 생겼다. 쥐가 새에게 먹을 것을 주지 않기 때문이다."

그러자 뱀이 자신의 부하들에게 물었다.

"너희 중 누가 그런 짓을 했느냐?"

쥐들이 찍찍거리기 시작했다.

"우리는 아니에요. 우리는 아니에요. 우리 중에서 그런 사기꾼은 없어요! 우리는 그런 사기꾼 쥐에 대해 들어 본 적이 없어요!"

뱀이 독수리에게 말했다.

"당신이 새에게 식량을 주시오. 우리는 새에게 식량을 주지 않을 거요!"

그러자 뱀과 독수리는 싸우기 시작했다. 독수리는 뱀을 날개로 때렸다. 뱀은 겨우 기어갈 수 있을 정도로 독수리에게 맞았다. 독수리가 이겼다.

어쩔 도리가 없었다. 쥐는 새에게 자신이 장만한 식량의 절반을 주어야만 했다.

욕심 많은 멧닭

어느 늦가을 새들이 숲 가장자리로 날아왔다. 따뜻한 곳으로 갈 시기가 되었다. 새들은 7일 동안 서로를 불러들였다. 새들이 모였다.

"모두 모인 거야? 모두 모인 거지? 모두 온 거야? 누가 오지 않은 거지?"

멧닭이 없었다. 독수리는 휜 부리로 마른 나뭇가지를 두드렸다. 다시 한번 두드린 후 젊은 들꿩에게 멧닭을 불러오라고 명령했다.

들꿩은 날개를 펄럭이며 숲으로 날아갔다. 멧닭은 잣나무에 앉아 잣송이 속의 잣을 먹고 있었다.

"존경하는 어르신! 우리 모두 따뜻한 곳으로 가려고 해요. 어르신을 7일 동안 기다렸어요."

"쓸데없는 말 하지 마! 뭣 하러 서둘러? 아직도 이렇게 잣이 많이 남아 있잖아! 어떻게 이 잣을 다 버리고 떠난단 말이니?"

들꿩이 돌아가서 말했다.

"멧닭 어르신은 잣을 까먹고 계세요. 떠날 생각이 없으세요. 서두를 필요 없다고 하세요."

독수리는 이번에는 매를 급히 보냈다. 매는 큰 잣나무 위를 빙빙 돌았다. 멧닭은 여전히 나무에 앉아서 부리로 소리를 내 가며 잣을 까먹고 있었다.

"이봐! 새들이 너를 벌써 14일 동안이나 기다리고 있어! 따뜻한 나라로 갈 때가 벌써 지났어!"

"괜찮아! 괜찮아! 서두를 필요 없어. 시간은 충분해! 길 떠나기 전에 실컷 먹어 둬야 해."

매는 새들이 있는 곳으로 돌아와서 멧닭은 따뜻한 땅으로 서둘러 떠나려고 하지 않는다고 말했다.

화가 난 독수리는 맨 앞에서 새들을 이끌고 따뜻한 곳을 향해 날아갔다. 한편 멧닭은 7일 동안을 더 잣나무에 앉아서 잣을 까먹었다. 8일째 되는 날 먹는 것을 멈추고 부리와 날개를 닦기 시작했다.

"아니야. 다 먹기에는 힘이 부족해. 다람쥐에게 남겨 두어야겠다."

멧닭은 숲 가장자리로 갔다. 이게 어찌 된 일인가? 잣나무 잎은 다 떨어졌고 앙상한 나뭇가지만 바람에 흔들리고 있었다. 새들이 2주일 동안 멧닭을 기다리며 나뭇잎을 모조리 쪼아 먹은 것이다. 나무줄기는 마치 눈에 덮인 것처럼 하얬다. 새들이 멧닭을 기다리며 날개를 나무줄기에 닦은 것이다.

멧닭은 슬피 울었다.

"나만 숲에 남았어! 혼자서 어떻게 겨울을 나지?"

눈물로 멧닭의 눈썹 눈이 빨갛게 되었다. 그때부터 멧닭의 아이들, 손자들, 사촌들은 이 이야기를 듣고 슬피 울게 되었다. 그래서 모든 멧닭의 눈썹 눈은 마가목 열매처럼 빨갛다.

떠버리 메추리

떠버리 메추리가 숲속 나뭇가지에 앉아 있었다. 갑자기 메추리 머리 위에 무언가가 떨어졌다.

메추리가 소리쳤다.

"아이고! 하늘이 무너졌다!"

메추리는 자신의 주인인 독수리에게 하늘이 무너진다고 말하려고 갔다. 메추리는 가다가 턱이 긴 닭을 만났다. 턱이 긴 닭이 말했다.

"메추리야! 어디 가니?"

"하늘이 무너진다고 독수리님에게 알리려고 가는 길이야."

"같이 가도 돼?"

"그래. 같이 가!"

메추리와 닭은 하늘이 무너진다고 독수리에게 알리려고 함께 갔다. 그들은 가다가 뚱보 오리를 만났다.

"메추리야! 닭아! 너희 어디 가니?"

"하늘이 무너진다고 독수리님에게 알리려고 가는 길이야!"

"나도 같이 가도 돼?"

"물론이지."

메추리와 닭, 오리는 하늘이 무너진다고 독수리에게 알리려고 갔다. 그들은 가다가 목이 긴 멧닭을 만났다.

"얘들아! 너희 어디 가니?"

메추리와 닭, 오리는 하늘이 무너진다고 알리러 독수리에게 간다고 말했다.

멧닭이 물었다.

"너희와 같이 가도 돼?"

"물론이지. 같이 가자!"

그들 넷은 독수리에게 갔다. 가다가 사기꾼 여우를 만났다.

여우가 물었다.

"얘들아! 어디 가니?"

"하늘이 무너진다고 독수리님에게 알리려고 가."

"이 길로 가면 안 돼! 너희는 길을 잘못 들었어! 내가 길을 알아. 너희가 원한다면 내가 길을 알려 줄게!"

"좋아. 어느 길로 가야 독수리님에게 갈 수 있는지 알려 줘."

떠버리 메추리, 턱이 긴 닭, 뚱보 오리, 목이 긴 멧닭은 사기꾼 여우 뒤를 따라갔다. 그들은 한 깜깜한 굴에 다다랐다. 여우의 굴이었다.

사기꾼 여우가 말했다.

"여기가 독수리 집이야. 내가 먼저 들어갈 테니 너희는 지체하지 말고 바로 내 뒤를 따라 들어와."

여우가 자신의 굴로 들어가서 숨어서 기다렸다. 바로 턱이 긴 닭이 들어왔다. 사기꾼 여우는 닭에게 달려들어 목을 문 다음 위로 던졌다. 뚱보 오리가 들어왔다. 여우는 오리를 물어 죽였다. 오리 뒤를 이어 멧닭이 들어왔다. 여우가 멧닭에게 달려들자 멧닭은 아주 크게 소리를 질렀다.

떠버리 메추리는 멧닭의 외침을 듣고 있는 힘을 다해 자기 집으로 뛰었다.

메추리는 그렇게 하늘이 무너진다는 것을 독수리에게 알리지 못했다.

바다표범

바다표범이 살았다. 바다표범은 하루 종일 바닷가의 돌 위에서 잠을 잤다. 어느 날 바다표범이 자고 있을 때 한 남자가 와서 말했다.

"바다표범아! 모두들 네가 힘이 세다고 하는데 나는 그걸 믿지 않아. 우리 서로 힘을 겨뤄 보자!"

바다표범은 그러자고 말한 후 먼저 남자에게 덤벼들었다. 바다표범은 남자를 밀었다. 남자는 넘어졌고 돌에 머리를 부딪쳤다. 남자의 눈에 눈물이 맺혔다.

남자가 말했다.

"내가 지금 작살을 오라고 부를 거야. 작살이 너를 찌를 거야."

남자는 작살을 부르러 갔다. 남자는 작살을 발견하고 그것을 허리띠에 묶은 후 말했다.

"작살아! 나와 함께 가자!"

"왜?"

"네가 바다표범을 찔러 줘."

"바다표범이 너에게 어떻게 했는데?"

"바다표범이 나를 밀어서 내가 넘어졌어. 그래서 울었어."

"가지 않을래."

"그럼 여우를 부를 거야. 여우더러 네 허리를 물어뜯으라고 할 거야."

"불러!"

남자는 여우에게 가서 말했다.

"여우야! 나랑 같이 가자!"

"왜?"

"작살의 허리를 물어뜯어 줘."

여우가 말했다.

"가지 않을래."

"그럼 덫활을 부르러 갈 거야. 덫활이 너를 죽일 거야."

"불러!"

남자가 가 버렸다. 남자는 덫활에게 가서 말했다.

"덫활아! 나랑 같이 가자!"

"왜?"

"가서 여우를 죽여 줘."

"가지 않을래."

"그럼 내가 칼을 부를 거야. 칼이 너를 조각낼 거야."

"불러!"

남자는 칼에게 가서 말했다.

"칼아! 나랑 함께 가자!"

"왜?"

"덫활을 조각내 줘."

"가지 않을래."

"그럼 내가 숫돌을 부를 거야. 숫돌이 너를 갈아 버릴 거야."

"불러!"

남자가 숫돌에게 갔다.

"나랑 같이 가자!"

"왜?"

"칼을 갈아 줘!"

"칼이 어떻게 했는데?"

"덫활을 조각내려고 하지 않아."

"덫활이 어떻게 했는데?"

"여우를 죽이려 하지 않아."

"여우는 어떻게 했는데?"

"작살의 허리띠를 물어뜯으려고 하지 않아."

"작살이 어떻게 했는데?"

"바다표범을 찌르려고 하지 않아."

"바다표범이 어떻게 했는데?"

"나를 밀어서 내가 넘어졌어. 나를 울게 만들었어."

숫돌이 말했다.

"가지 않을래."

"그럼 몽둥이를 부를 거야. 몽둥이가 너를 부술 거야."

"불러!"

남자가 몽둥이에게 갔다.

"몽둥이야! 나랑 같이 가자! 네가 숫돌을 부숴 줘."

몽둥이가 그렇게 하겠다고 하고 남자와 함께 갔다. 몽둥이는 숫돌 있는 데로 와서 말했다.

"숫돌아! 내가 지금 너를 빠갤 거야! 왜 너는 칼을 갈려고 하지 않았어?"

숫돌은 놀라서 칼을 갈려고 갔다. 칼이 놀라서 덫활을 베러 갔다. 덫활은 놀라서 여우를 죽이러 갔다. 여우는 놀라서 작살의 허리띠를 물어뜯으러 갔다. 작살은 놀라서 바다표범을 죽이러 갔다. 작살은 바다표범이 있는 곳으로 가서 바다표범을 죽였다.

여우와 늑대

한 강가에 노인이 아내와 함께 살았다. 노인은 물고기를 잡고 아내는 잡은 물고기를 말렸다. 겨울이 오자 노인은 아내와 함께 강에서 멀지 않은 숲으로 이사를 갔다. 거기에 집을 짓고 겨울을 날 준비를 했다. 말린 생선은 강가의 창고에 남겨 놓았다. 노인네 식구가 숲으로 이사를 간 후 여우가 와서 물고기를 훔쳐 갔다. 여우는 생선을 꺼내 얼음 구멍 속에 담갔다.

늑대가 그 옆을 지나가다가 여우에게 물었다.

"여우야! 어디에서 생선을 가져왔니?"

"강에서 낚았어."

"뭐로 낚았어?"

"내 꼬리로 낚았어. 꼬리를 얼음 구멍 속에 늘어뜨리고 오랫동안 앉아 있었더니 물고기가 많이 잡히더라고. 너도 할아버지 집 근처 얼음 구멍으로 가서 꼬리를 구멍 속에 넣고 있어 봐. 그렇게 밤새도록 앉아 있으면 물고기를 많이 잡을 수 있을 거야."

늑대는 여우가 말한 대로 했다. 노인 집 근처 얼음 구멍으로 가서 꼬리를 늘어뜨리고 기다렸다. 아침이 되어 늑대는 꼬리를 잡아당겼다. 그러나 꼬리는 구멍에서 빠지지 않았다. 단단히 얼어붙었다.

노인이 물을 길으러 강으로 갔다. 노인은 얼음 구멍 앞에 앉아 있는 늑대를 발견하고 늑대를 잡아서 죽였다.

여우와 곰

숲에 여우가 살았다. 여우는 꾀가 많았지만 항상 굶주려 있었다. 매일 강가로 가서 죽은 고기가 있는지 살폈다. 여우는 죽은 고기만 먹었다. 하루는 곰이 여우에게 와서 말했다.

"여우야! 모기도 없고 파리도 없는 서늘한 장소를 좀 알려 줘."

"알려 줄게요! 알려 줄게요! 여기에서 강을 따라 위로 올라가면 그런 장소가 있어요. 거기는 쉬기에 참 좋아요. 바람도 시원하게 불어요."

곰은 여우와 함께 서늘한 장소를 찾으러 갔다. 그들은 낭떠러지 근처까지 가서 누웠다. 그때 여우가 곰에게 말했다.

"낭떠러지에서 좀 떨어져 누우세요! 내가 가장자리에 누울게요."

곰은 여우가 시키는 대로 여우 뒤에 누웠다. 여우는 낭떠러지 바로 옆에 누웠다. 얼마 후 곰은 잠이 들었다. 그러자 여우는 곰을 타고 넘었다. 여우가 곰에게 말했다.

"할아버지! 좀 저만치 가세요. 그러지 않으면 제가 낭떠러지로 떨어질 수도 있어요!"

옆으로 움직이자마자 곰이 바로 낭떠러지로 떨어졌다.
여우는 크게 기뻐하며 곰 고기를 배불리 먹었다.

교활한 담비

담비 한 마리가 낙엽송 숲을 급히 뛰어가고 있었다. 뛰어가다가 사람들이 사는 집 한 채를 발견했다. 담비는 다가가 안을 살펴보았다. 집 안에는 여자 두 명과 어린아이들이 있었다. 담비가 물었다.

"당신들뿐이에요?"

"응. 우리뿐이야. 남자들은 사냥을 갔어."

"여기서 뭘 하고 있는 거예요?"

"우리도 나가려는 길이야. 우리는 창고에 가야만 해. 겨울을 날 따뜻한 옷을 가지러."

"제가 도울게요. 제가 함께 갈게요. 함께 가서 옷을 창고에서 꺼내 배에 싣고 당신들과 함께 다시 여기로 돌아올게요."

여자들은 도와준다는 담비의 말을 듣고 아주 기뻐했다. 담비가 말했다.

"창고가 여기에서 멀어요?"

"응. 멀어."

"그러면 피곤해지면 먹게 말린 고기를 충분히 가지고 가세요."

여자들은 말린 고기가 가득 든 자루를 배에 싣고 사슴 가죽으로 만든 덮개로 자루를 덮었다. 담비와 여자들은 배에 올랐다. 배는 물줄기를 따라 강 하류로 창고가 있는 곳을 향해 갔다.

담비와 여자들을 실은 배는 계속 강을 따라가고 있었다. 담비는 하품하기 시작했다. 담비는 졸렸다.

"창고까지는 아직 멀었어요. 잠시 눈을 붙일 테니 노를 잘 저으세요. 강어귀가 보이면 바로 나를 깨워서 물으세요. 그러면 그게 무슨 강인지 말해 줄게요."

담비는 누웠다. 고기가 든 자루를 베고 코를 골기 시작했다. 담비는 코를 골고 자다가 자루에서 고기를 꺼내 먹었다.

첫 번째 강어귀가 보이자 여자들이 물었다.

"담비야, 이게 무슨 강이니?"

"그 강은 '시작' 강이에요. 계속 노를 저으세요!"

여자들은 노를 계속 저었다. 두 번째 강어귀가 보였다. 담비를 깨워서 물었다.

"그 강은 '절반' 강이에요. 계속 노를 저으세요!"

여자들은 계속 노를 저었다. 세 번째 강어귀가 나타나자 여자들이 물었다.

"담비야, 봐! 또 강이 있어."

"그 강은 '끝' 강이에요. 곧 창고가 보일 거예요!"

여자들은 담비의 말을 믿고 계속 노를 저었다.

담비는 남은 고기를 다 먹어 치웠다. 그러고 나서 덮개 아래로 뛰어내렸다.

"저기 큰 나무 보이죠? 배를 묶을 끈을 꺼내세요. 그리고 창고로 가서 옷을 가지고 오세요."

여자들은 배를 강가로 돌려 큰 나무 쪽으로 가까이 갔다. 여자들이 배를 대자마자 담비는 배에서 뛰어내려 나무 꼭대기로 쏜살같이 올라갔다. 담비가 나무 꼭대기에서 소리쳤다.

"어이! 당신들 자루를 한번 열어 보세요! 남은 게 있는지?"

여자들이 자루를 들여다보니 아무것도 없었다.

여자들은 몹시 화가 나서 도끼를 들고 아름드리나무를 패기 시작했다.

한편 담비는 나무 꼭대기에 앉아서 주문을 걸었다.

"도끼야! 도끼야! 망가져라! 도끼야! 도끼야! 망가져라!"

그러자 도끼가 망가졌다.

여자들은 틀톱을 들고 나무를 자르기 시작했다. 담비는 계속 나무 꼭대기에 앉아 주문을 외웠다.

"톱아! 톱아! 망가져라! 톱아! 톱아! 망가져라!"

마침내 톱도 망가졌다.

여자들은 부싯돌을 가져와 낙엽송 아래 불을 피워 나무

에 불을 붙였다. 나뭇가지들이 타 들어 가기 시작했고 얼마 후 나무 꼭대기로 불이 번졌다.

담비는 꼼짝할 수 없었다. 어디에도 갈 데가 없었다. 담비는 눈이 아파 소리를 지르기 시작했다. 담비는 불에게 빌기 시작했다.

“불아! 불아! 제발 나를 살려 줘. 나를 죽이지 말아 줘. 살고 싶어! 내가 작아져도 좋으니 제발 나를 살아 있게만 해 줘!”

불이 담비를 불쌍히 여겨 목숨을 살려 주었다. 그러나 담비는 손바닥만 해졌다. 그래서 담비는 작다. 그러나 교활하다. 그러나 예전에는 사람 크기만 했다고 한다.

담비

강에 물고기 한 마리가 아내와 아들과 함께 살았다. 강이 꽁꽁 얼자 물고기들은 얼음 아래에서 살게 되었다. 갑자기 아내가 병이 들었다. 아내는 몸에 알이 가득 차 움직일 수가 없었다.

물고기는 어떻게 해야 할지 아내를 어떻게 도와야 할지 몰랐다. 오래 생각한 후 아들을 불러 말했다.

"아들아, 빨리 의사를 불러오너라! 의사를 찾는 대로 이리로 모시고 오너라. 어머니가 죽어 가고 있다고 말해."

아들은 의사를 찾으러 갔다. 강에서 나와 숲으로 갔다. 숲을 걷다가 담비를 만나자 물었다.

"친구야! 의사가 어디에 사는지 아니? 의사를 도저히 찾을 수가 없어."

"의사? 왜 의사가 필요한데?"

"어머니가 심하게 편찮으셔. 어머니 병을 치료해야 해."

담비는 물고기를 가엾게 바라보더니 말했다.

"슬퍼하지 마. 내가 도와줄게. 내가 병을 치료할 수 있어. 나를 네 어머니에게 데려다줘."

둘은 숲을 따라 갔다. 담비가 물고기에게 물었다.

"도대체 집이 어디니?"

"우리 집은 강에 있어. 얼마 안 남았어."

그들은 강가에 도착했다. 담비가 사방을 둘러보고 말했다.

"도대체 집이 어디에 있는 거야? 집이 어디에 있어?"

"얼음 밑에 있어."

"어떻게 얼음 밑으로 갈 수 있어? 길이 안 보이는데."

"강에 얼지 않은 곳이 한 군데 있어. 우리는 거기를 통해 다녀. 내 뒤를 따라와."

담비는 따라가겠다고 말했다. 그들은 얼음이 얼지 않은 곳으로 다가가서 물속으로 뛰어들었다. 그들은 물고기들이 사는 집에 도착했다. 알이 몸속에 꽉 차서 뚱뚱해진 엄마 물고기가 강 맨 밑바닥에 누워 있었다. 담비가 아빠 물고기에게 말했다.

"걱정하지 마세요. 제가 부인을 고쳐 드릴게요. 그런데 여기서 나가셔야만 해요. 치료하는 데 방해가 돼요. 저는 누가 보면 치료를 할 수가 없어요. 치료가 끝나면 부를게요."

담비는 꾀가 많았다. 그러나 물고기에게 무슨 머리가 있겠는가?

아빠 물고기와 아들 물고기는 담비를 믿었고 나가서 기다렸다. 담비는 엄마 물고기를 치료하기 시작했다. 치료가 뭐가 있겠나? 담비는 알이 꽉 찬 물고기를 꽉 잡아먹었다. 그런 다음 급히 나와 숲으로 달아났다.

여우 이야기

새 한 마리가 둥지에 살고 있었다. 새는 알을 세 개 낳았다. 어느 날 여우가 새에게 와서 말했다.

"알을 하나만 줘."

"무슨 소리야? 왜 내가 알을 너에게 줘? 주지 않을 거야."

"먹을 게 없어서 그래."

"네게 알을 주면 어떻게 어린 새가 나올 수 있어?"

"어쨌든 나는 네 알을 먹고야 말 거야. 나무를 베어서 둥지를 떨어뜨릴 거야."

새는 울기 시작했다. 한참을 울다가 알 하나를 여우에게 건넸다. 그러자 여우는 떠났다. 다음 날 아침 여우는 다시 와서 새에게 말했다.

"알 하나만 더 줘."

새는 알 하나를 또 주었다. 여우는 가 버렸다. 새에게는 이제 알이 하나밖에 남지 않았다. 새는 울기 시작했다. 하루 종일 울었다. 그때 부엉이가 날아와서 새에게 물었다.

"새야, 왜 우니?"

"어떻게 울지 않을 수 있겠어요? 여우가 제 알을 계속 먹어 치우는데."

부엉이가 말했다.

"너는 왜 그렇게 멍청하니? 왜 여우에게 알을 바치니? 여우가 너를 속이는 거야. 여우가 무슨 수로 이 나무를 자를 수 있겠니? 만일 여우가 다시 와서 알을 또 달라고 조르면 절대 주지 마. 여우가 누가 너에게 그렇게 시켰냐고 물으면 내가 그렇게 시켰다고 말해."

부엉이는 날아갔다. 여우가 와서 말했다.

"새야, 먹을 것을 좀 줘!"

"못 줘."

"왜 못 줘? 누가 너에게 그렇게 하라고 시켰어?"

"부엉이님이 그렇게 하라고 했어."

여우는 깜짝 놀라 달아나 버렸다. 도망가면서 말했다.

"부엉이 너 어디 두고 보자. 네가 잠이 들면 어떻게든 물어 죽일 테다."

어느 날 부엉이가 잠자고 있을 때 여우가 몰래 다가가서 부엉이의 목을 물어뜯기 시작했다. 부엉이는 화가 나 여우에게 달려들어 여우를 바다에 있는 섬으로 던져 버렸다. 섬에 떨어진 여우는 울기 시작했다. 그때 물속에서 바다표범이 나와서 여우에게 물었다.

"여우야! 왜 우니?"

"아니야. 우는 게 아니야."

바다표범이 다시 물속으로 들어가자 여우는 더 크게 울기 시작했다. 바다표범이 다시 나타났다.

"여우야! 진짜로 울고 있잖아?"

"아니야. 울지 않아. 나는 내 종족 수를 세고 있는 거야. 그런데 다 셀 수가 없어. 그런데 왕눈아, 네 종족은 많니?"

"우리 바다표범은 엄청 많아."

여우가 말했다.

"그럼 누구 종족 수가 더 많은지 세어 보자."

"좋아. 누가 먼저 셀래?"

"네가 먼저 세어 봐."

여우의 말이 끝나자마자 바다표범은 바닷속으로 들어가서 자신의 식구들을 데려왔다. 여우가 말했다.

"이제 표범들을 해안가 쪽을 향해서 물 위에 일렬로 눕게 해. 내가 세어 볼게."

여우는 바다표범 수를 세기 시작했다. 바다표범 등을 타고 다니며 세기 시작했다.

"하나! 둘! 열! 하나! 둘! 열!"

그때 바다표범이 말했다.

"여우야! 넌 수를 세지 못하는구나. 틀렸어."

"아니야! 틀리지 않았어. 기다려 봐. 내가 다시 잘 세어 볼게."

여우는 다시 세기 시작했다. 여우는 또 바다표범을 속였다. 이미 해안가까지 거의 다 왔다.

"여우야, 너 또 나를 속였구나!"

"아니야! 속이지 않았어. 왕눈아! 잘 들리지 않았나 보구나. 잘 들어 봐. 마지막으로 셀 테니. 하나! 둘! 스물! 하나! 둘! 스물!"

"여우야, 또 틀리게 셌어! 또 나를 속였어!"

여우는 바다표범들 등 위를 뛰어다니며 다시 세기 시작했다. 마침내 해안가로 펄쩍 뛰더니 뛰기 시작했다. 여우는 달리다가 뒤를 돌아보고 소리를 질렀다.

"바다표범아! 왕눈아! 네가 직접 세어 봐!"

여우의 말을 들은 바다표범이 말했다.

"어디 네가 여기를 벗어나 사람들 있는 데로 갈 수 있는지 두고 보자!"

여우는 강까지 왔다. 할아버지가 낚시를 하고 있었다. 여우가 다가가 말했다.

"할아버지! 참 사는 게 힘들죠? 물고기를 잡으면 그것을 또 말려야 하고 사슴을 돌봐야 하고. 정말이지 힘들죠?"

"어쩌겠어? 내겐 아이가 없는 것을. 아내도 늙어서 힘이 없고. 나 혼자 일을 하는 수밖에. 나 혼자 힘들게 일할 수밖에 없어."

그러자 여우가 말했다.

"할아버지, 제가 도울게요! 사슴을 돌볼게요. 그러면 한결 나으실 거예요."

할아버지는 그렇게 하라고 했다. 여우는 인가에서 좀 떨어진 숲에서 지내며 할아버지의 사슴을 돌봤다. 여우는 사슴 한 마리를 먹어 치운 후 가죽을 벗겨 그 안에 풀을 잔뜩 넣었다. 그리고 풀이 잔뜩 들어간 사슴을 숲에 세워 놓았다. 그러고 나서 다시 사슴 한 마리를 잡아먹고 다시 사슴 가죽에 풀을 잔뜩 넣었다. 여우는 그렇게 사슴을 다 먹어 치웠다. 사슴을 다 먹어 치운 여우는 할아버지가 사슴이 다 어디 갔냐고 물으면 뭐라고 설명할지를 곰곰이 생각하기 시작했다. 마침내 묘안이 떠올랐다.

여우가 할아버지에게 가서 말했다.

"할아버지, 이리 와서 사슴을 좀 보세요! 제가 사슴을 너무 많이 먹여서 살이 너무 많이 쪄 멀리 있는 좋은 곳으로 사슴들을 몰아다 놓았어요. 가서 사슴들을 보세요!"

할아버지는 사슴이 있는 숲으로 갔다. 할아버지 혼자 가고 여우는 집에 남았다. 할아버지는 사슴이 있는 곳에 도착해서 사슴들을 살펴보기 시작했다. 알아볼 수 없었다. 할아버지는 몹시 놀랐다. 예전의 사슴들이 아니었다. 전혀 달랐다. 할아버지가 중얼거렸다.

"내 사슴들이 왜 이렇게 이상해진 거지?"

사슴 한 마리를 발로 밀자 넘어졌다. 할아버지는 허리를 굽혀 자세히 살펴보았다. 풀이 들어 있는 것이 아닌가! 여우가 사슴을 다 먹어 치운 후 풀을 채워 놓은 것을 알게 되었다. 할아버지는 불같이 화를 내며 집으로 달렸다. 달리며 울부짖었다. 사슴 없이 어떻게 살아간단 말인가!

할아버지가 집에 거의 도착해 큰 소리로 말했다.

"여보! 여우 꼬리를 꽉 잡고 있어. 여우가 우리를 속였어!"

그러자 할머니가 여우에게 말했다.

"여우야! 할아버지가 뭐라고 소리를 지르는 거니? 뭐라고 하는지 들리지 않는구나."

"저에게 좋은 물고기를 먹이라고 소리를 지르시네요."

할아버지가 또 소리를 질렀다.

"여보! 여우 꼬리를 잡아! 꽉 잡아!"

할머니는 역시 들리지 않았다.

"여우야! 할아버지가 뭐라고 소리를 지르는 거니? 들리지 않는구나."

"좋은 열매와 호두를 제게 주라고 하시네요!"

그러자 할머니가 말했다.

"여우야! 네가 나를 속이는구나! 왜 내 귀에는 여우 꼬리를 잡으라고 들리지?"

할머니는 그렇게 말한 후 여우 꼬리를 붙잡았다.

"항문을 잡으면 어떡해요. 좀 아래를 잡으세요!"

할머니의 손힘이 약해진 틈을 타 여우는 빠져나와 도망갔다.

할아버지가 집에 도착해서 말했다.

"할멈! 왜 여우 꼬리를 잡고 있지 않았어? 여우 꼬리를 단단히 붙잡고 있으라고 계속 소리를 질렀는데."

"들리지 않았어요."

화가 난 할아버지가 말했다.

"어디 두고 보자. 언제든 너를 잡기만 하면 다시는 그런 몹쓸 짓을 못 하도록 할 테다!"

늦가을이 되었다. 눈이 올 때가 되었다. 며칠 후 사방은 눈으로 덮였다. 할아버지는 이제 사슴이 하나도 없으니 어떻게 다른 데로 이주를 해서 정착을 할 수 있을까 생각에 잠겼다. 할아버지는 썰매를 만들어 썰매에 짐을 가득 실었다. 그러고 나서 다른 곳으로 가서 정착하려고 떠날 채비를 했다. 썰매에 짐을 싣고 끌고 가기 시작했다. 바로 그때 여우가 나타나서 물었다.

"아이고! 참 재미있네! 할아버지, 어째서 직접 썰매를 끄세요? 사슴은 다 어디에 두시고. 사슴들이 있지 않았어요? 썰매 끌기가 힘드시죠?"

할아버지가 여우에게 말했다.

"물론 힘들어! 이게 다 네가 나를 속였기 때문이야!"

"무슨 말씀을 하시는 건지 모르겠네요. 그건 제가 아니라 다른 여우예요. 깊은 숲속에 사는 여우예요. 제가 그 여우를 아는데 속임수가 대단해요. 만일 그 여우가 무엇이든 달라고 하면 저는 절대로 주지 않아요. 저는 그 여우가 속이기를 즐긴다는 것을 오래전부터 이미 알고 있었어요."

여우가 할아버지에게 다시 말했다.

"제가 좀 도와드릴게요. 제가 썰매를 끌 테니 좀 편하게 가세요."

여우가 썰매를 끌기 시작했다. 여우가 썰매를 끌게 되자 기분이 좋아진 할아버지는 뒤에서 걸었다. 할아버지는 한결 편해졌다.

그러나 여우는 피곤했고 다리가 아프기 시작했다.

여우가 말했다.

"아이고! 피곤해라. 다리를 너무 혹사시켰네!"

"썰매에 타. 이제 내가 끌 테니."

할아버지가 다시 썰매를 끌었다. 한편 여우는 썰매를 타고 가며 어떻게 물건을 훔칠까 하고 곰곰 생각하기 시작했다. 여우는 썰매에서 말린 쓸개주머니를 발견했다. 그 안에 말린 열매가 들어 있었다. 여우는 말린 열매를 먹기 시작했다. 여우는 가면서 계속 열매를 먹어 댔다.

할아버지는 계속 썰매를 끌고 또 끌었다. 마침내 강에 다다르자 할아버지가 여우에게 말했다.

"여우야! 천천히 조심해서 걸어 봐. 다리 조심하고."

"괜찮아요. 이제 나았어요."

얼마 후 여우가 할아버지에게 말했다.

"할아버지, 도끼를 가져오세요!"

"뭐에 쓰려고?"

"나무를 해 올게요."

여우는 나무를 하러 갔다. 여우는 숲에 오자마자 할아버지의 도끼를 던져 버리고 달아났다. 할아버지는 여우를 기다렸다. 나무를 구해 올 여우를 계속 기다렸으나 여우는 오지 않았다. 할아버지가 할머니에게 말했다.

"여보, 여우에게 무슨 일이 생긴 게 틀림없어! 내가 가서 찾아볼게."

할아버지는 여우를 찾으러 숲으로 갔다. 숲에서 여우가 버린 도끼와 여우의 발자국을 발견했다. 할아버지가 돌아왔다. 할머니가 말했다.

"여우가 또 우리를 속였어요. 우리 열매를 다 먹어 치웠어요. 자루에 아무것도 없고 대신 이빨 하나만 있지 뭐예요."

할아버지는 너무 화가 났다.

"여보, 털가죽으로 바지를 만들어 줘. 그 바지를 입고 굿을 해야겠어."

할머니가 바지를 만들었다. 저녁이 되자 할아버지는 할머니가 만든 바지를 입었다.

"여보, 짐승들을 우리 집으로 불러들여!"

할머니가 밖으로 나가 소리를 지르기 시작했다.

"여우들아! 곰들아! 늑대들아! 모든 짐승들아! 모두 이리 오너라! 굿하는 것을 보러 오너라!"

짐승들이 다 모였다. 할아버지는 샤먼처럼 춤을 추고 돌기 시작했다. 바지에서 털이 떨어졌다. 마치 일직선으로 난 먼지 같았다. 할아버지 집에 모인 짐승들은 깔깔거리고 웃었다. 즐거운 웃음소리가 들렸다. 할아버지는 짐승들 중에서 이가 빠진 여우를 발견하고 할머니에게 말했다.

"여보! 문과 창문을 닫아!"

할머니가 문과 창문을 닫았다.

"이제 저기 있는 여우 머리를 망치로 때려. 세게 때려. 저 여우가 우리를 속였어."

할머니는 귀가 잘 들리지 않아 모든 짐승들을 때리기 시작했다. 토끼 머리를 때리려고 했으나 빗나가서 토끼 귀만 망치에 맞아 까매졌다. 다음에 담비를 때리려고 했으나 꼬리 끝만 망치에 맞았을 뿐이다.

"할망구! 저기 있는 여우를 잡아!"

할아버지가 소리치자 할머니는 이빨 빠진 여우를 붙잡아 세게 때렸다. 여우가 애원하기 시작했다.

"때리지 마세요! 제가 아직 쓸모가 있을 거예요. 당신들을 도와드릴게요. 부자로 만들어 드릴게요!"

할머니는 때리는 것을 멈추었다. 그러자 여우가 할아버지에게 말했다.

"저를 죽이지 마세요. 무엇으로든 도와드릴게요. 돈을 벌게 해 드릴게요."

할아버지는 여우가 불쌍해서 죽이지 않았다. 두 사람은 다시 여우와 함께 살았다.

며칠 후 여우가 할아버지에게 말했다.

"할아버지, 사슴 사냥을 가요!"

할아버지는 여우 말대로 같이 사냥을 하러 가기로 했다. 여우가 할머니에게 부탁했다.

"토끼 이불을 만들어 주세요."

"뭐 하려고?"

"강에 얼음이 녹은 곳이 있어요. 그곳을 토끼 이불로 덮을 거예요. 그리고 내가 강 위로 올라가면 할아버지는 얼음이 녹은 곳 근처에 숨어 계세요."

할아버지와 여우는 출발했다. 강에 도착해서 토끼 이불

로 얼음 구멍을 덮었고 여우는 강 위로 뛰어갔다. 여우는 사슴 다섯 마리를 발견하고 다가가서 말했다.

"아주 크고 긴 다리를 가졌구나! 아마 너희들은 달리기를 아주 잘할 것 같아. 달리기 시합할까?"

"무슨 소리야? 우리가 무슨 달리기를 잘한다고 그래? 우리는 이미 늙었어."

"괜찮아. 나도 나이가 많아. 강 아래를 향해 달리자! 내가 왼쪽에서 달릴 테니 너희는 오른쪽에서 달려."

사슴들은 승낙했다. 여우와 사슴들은 달리기 시합을 했다. 여우는 줄곧 사슴들을 오른쪽으로 얼음 구멍이 있는 곳으로 몰며 달렸다. 거의 얼음 구멍 가까이 왔다. 사슴들은 토끼 가죽으로 덮여 있는 구멍을 눈치채지 못하고 그만 물속으로 빠졌다. 할아버지가 사슴들을 창으로 찔렀다.

할아버지는 사슴을 잡은 것이 무척 기뻤다. 고기가 충분해 배불리 지내게 되었다. 여우에게는 뼈에 붙은 기름을 먹였다.

할아버지 집에서 멀지 않은 곳에 늑대들이 나타났다. 할아버지가 여우에게 말했다.

"여우야, 늑대를 사냥해야겠어."

"할아버지, 왜 늑대 사냥을 해요? 꾀로 늑대를 잡을 수 있어요! 제 꼬리에 사슴 머리의 뼛조각을 묶으세요."

할아버지는 사슴 뼈를 여우에게 묶었다. 여우는 강으로 뛰어갔다. 얼음 구멍을 발견하고 구멍에 자신의 꼬리를 담갔다. 늑대 다섯 마리가 얼음 구멍 가까운 데에서 어슬렁거렸다. 그들은 여우를 보고 다가와 물었다.

"여우야! 뭐 하고 있는 거니?"

"물고기를 낚고 있어. 좀 조용히 해. 방해하지 마. 물고기들이 놀라."

늑대들은 서서 지켜보았다. 여우는 얼음 구멍에서 꼬리를 빼 흔들었다. 꼬리에는 뼈가 달려 있었다.

"먹어 봐. 얼마나 맛있는 고기가 이 강에 있는지."

늑대들은 물고기 쪽으로 머리를 들이밀고 맛을 본 후 말했다.

"아주 맛있어. 우리도 물고기를 잡으면 안 될까?"

"한번 해 봐. 꼬리를 이 구멍 속에 넣고 물고기들이 꼬리에 충분히 달라붙을 때까지 기다려. 내가 지켜볼게. 물고기가 꼬리를 무는 것이 보이면 바로 말할 테니 그때 꼬리를 당겨."

늑대들은 꼬리를 구멍에 담그고 물고기를 낚으려고 했다. 여우는 얼음 구멍 옆에서 늑대 꼬리가 얼어붙는 것을 지켜보았다. 늑대들은 얼음 구멍에 꼬리를 담그고 오랫동안 앉아 있었다. 늑대들은 할아버지가 얼음 구멍 쪽으로 뛰어

오는 것을 보고 도망가려고 했다. 그러나 꼬리가 빠지지 않았다. 꼬리가 단단히 얼어붙었기 때문이다. 한 늑대는 자신의 꼬리를 잘라 버리고 달아났다. 할아버지는 나머지 늑대들을 창으로 찔렀다. 할머니는 늑대 가죽으로 할아버지 이불을 만들었다.

여우는 겨울 내내 할아버지 할머니와 함께 살았다. 봄이 왔다. 여우는 다시 할아버지에게 사냥을 가자고 했다.

“곰 사냥을 가요.“

“그러자꾸나.”

할아버지와 여우는 사냥을 떠났다. 여우가 물었다.

“할아버지는 아직 힘이 세요?”

“왜 힘에 대해 묻는데?”

“어떻게 우리가 곰을 잡죠?”

그러자 할아버지가 말했다.

“나에게는 활과 화살이 있어.”

그들은 계속 걸었다. 강에 도착하자 여우가 말했다.

“제가 숲으로 가서 곰을 찾아 이리로 보낼 테니 할아버지는 여기 숨어 있다가 곰이 나타나면 화살을 쏘세요.”

여우가 숲으로 갔다. 오랫동안 곰을 찾아 헤매다가 곰을 발견하고 말했다.

“곰아! 너는 왜 그렇게 말랐니? 아마 물고기를 못 먹었나 보구나."

"어디서 물고기를 잡을 수 있니?"

"나랑 함께 가자. 내가 물고기가 많은 곳을 알아. 강 아래쪽으로 가자. 거기에 알맞은 웅덩이가 하나 있어."

"아니야! 난 거기 가지 않을 거야. 거기엔 할아버지가 살아. 늙고 아주 무서운 할아버지인데 난 그 할아버지가 무서워."

"지금 할아버지는 거기 없어. 죽었어. 내가 이미 오래전에 그의 머리를 이빨로 물어뜯었어."

곰은 여우의 말을 듣고 나서 승낙했다.

"그렇다면 가자!"

곰은 여우와 함께 출발했다. 강에 거의 다다르자 여우가 말했다.

"곰아, 네가 앞장서."

곰이 앞장서고 여우가 곰의 뒤를 따라 걸었다. 갑자기 여우가 소리쳤다.

"할아버지! 곰을 빨리 잡으세요!"

할아버지는 곰을 향해 화살을 쏘았다. 화살은 곰의 배에 명중했다. 곰이 쓰러졌다. 곰은 누운 채 신음했다.

"아이고! 아파라! 여우야, 왜 나를 이리로 데려왔니? 이런 일이 생기게 하려고 데려왔지? 어쩐지 오고 싶지 않더라. 괜히 그런 게 아니야. 채앙이 생기리라는 것을 감지했어."

여우가 곰을 안심시켰다.

"괜찮아. 너는 막대기에 찔린 거야. 곧 상처가 나을 거야."

여우는 곰을 치료하기 시작했다. 곰의 간을 통째로 끄집어냈다.

"아이고! 아파! 아이고! 아파! 나 죽네!"

"곰아, 참아! 소리 지르지 마. 이제 곧 나을 거야."

곰은 그 자리에서 숨을 거두었다.

여우가 할아버지에게 와서 말했다.

"우리가 곰을 죽였어요. 이제 곰 고기를 집으로 가지고 가요."

"그래. 곰 고기를 옮기자꾸나. 이제 우리는 곰 고기를 먹게 되었어."

할아버지와 여우는 곰의 고기를 집으로 가지고 와서 삶기 시작했다. 그때 할머니는 집에 없었다. 친척 집에 놀러 가 있었다. 할아버지와 여우 둘만 집에 있었다.

여우가 할아버지에게 말했다.

"할아버지, 올가미로 저를 묶으세요. 제가 한 장소에 움직이지 않고 앉아 있을 테니 제게 고기를 먹여 주세요."

할아버지는 고기를 잘게 잘라서 여우에게 먹여 주었다.

"할아버지, 이렇게 먹으니 너무 좋아요. 이제 배가 불러요. 이제 올가미를 풀어 주세요. 제가 이제 할아버지를 묶을까요?"

"좋아. 나를 묶으렴."

여우는 할아버지를 묶었다. 할아버지는 올가미에 묶인 채 앉아 있었고 여우 혼자 고기를 먹었다.

할아버지가 말했다.

"여우야, 나에게도 고기를 줘!"

"늙은이! 아무것도 주지 않을 거야. 고기 한 점도 주지 않을 거야. 그 자리에 앉아서 그냥 죽어!"

여우는 혼자서 고기를 다 먹어 치웠다. 올가미에 묶인 할아버지는 계속 앉아 있다가 여우에게 애원하기 시작했다.

"여우야! 나를 풀어 줘!"

"아니, 풀어 주지 않을 거야! 거기서 죽어!"

여우는 투덜거린 후 숲으로 달아났다.

할아버지는 계속 앉아 있었다. 할아버지는 바싹 말랐다. 그때 늑대 한 마리가 뛰어가고 있었다.

할아버지가 늑대에게 말했다.

"늑대야! 나를 풀어 줘!"

"아니, 풀어 주지 않을 거야. 여우가 당신을 풀어 주지 말라고 미리 당부했어."

늑대가 가 버리자 할아버지는 오열하기 시작했다. 할아

버지가 울고 있을 때 곰이 다가왔다.

할아버지가 곰에게 애원했다.

"곰아! 곰아! 나를 좀 풀어 줘!"

"아니, 풀어 주지 않을 거야! 여우가 당신을 풀어 주지 말라고 당부했어."

곰이 가 버렸다. 할아버지는 다시 울기 시작했다. 울다가 잠이 들었다. 얼마를 잤을까 눈을 떠 보니 옆에 쥐 한 마리가 있었다. 할아버지는 너무 기뻤다.

쥐가 할아버지에게 물었다.

"할아버지! 왜 그렇게 슬피 우세요?"

"여우가 나를 이렇게 묶어 놓았어. 그런데 아무도 나를 풀어 주려고 하지 않아."

"그렇다면 제가 풀어 드릴게요."

"조그마한 네가 어떻게 풀어 줄 수 있어? 여우가 두려워서 늑대도 곰도 풀어 주지 않았는데."

"한번 해 볼게요!"

쥐는 애를 쓴 다음 말했다.

"풀어 드리지만 당장은 어려워요. 이틀은 줄을 갉아야 해요."

할아버지가 말했다.

"애를 좀 써 줘. 어떻게든 좀 풀어 줘!"

쥐는 이틀 동안 줄을 갉기 시작했다. 3일째 되는 날 마침내 줄이 끊어졌다. 할아버지는 풀려났다.

"쥐야! 너무 고마워!"

그 일이 있은 후 할아버지는 어떻게 여우를 죽일까 생각하기 시작했다. 그는 덫을 만들어서 숲으로 갔다. 숲에서 여우의 발자국을 발견하고 덫을 설치했다. 집으로 돌아온 할아버지는 다음 날 아침에 덫을 살피러 갔다. 그때 여우가 뛰어가고 있었다. 여우는 뛰어가면서 생각했다.

'늙은이 집으로 가서 칼을 훔쳐야지. 지금쯤 아마 늙은이는 죽었을 거야.'

여우는 그렇게 생각하며 뛰어가다가 할아버지의 덫에 걸려 죽었다.

움체긴과 부윤다

옛날 옛적에 할아버지와 할머니가 살았다. 할아버지와 할머니에게는 두 아들이 있었다. 큰아들의 이름은 움체긴이었고 작은아들의 이름은 부윤다였다. 할아버지는 훌륭한 사냥꾼이었다. 할머니 역시 사냥을 했다. 그렇게 두 사람은 늙어 갔고 차례로 죽었다. 두 사람이 얼마 동안 살았는지 아무도 모른다. 아마 이야기 속에서나 알 수 있을 것이다.

할아버지와 할머니가 죽은 후 움체긴과 부윤다만 남게 되었다. 움체긴이 아버지의 역할을 대신했다. 그는 사냥을 나가서 잡은 고기를 집으로 가지고 왔다. 움체긴은 주로 야생 사슴을 사냥해서 집으로 가지고 왔다. 반면에 부윤다는 집에 남아 음식을 만들었다. 두 사람은 그렇게 살았다.

어느 날 부윤다가 집에 혼자 있을 때였다. 소란스러운 소리가 들렸다. 여자들의 목소리와 웃음소리였다. 부윤다는 소리 나는 곳을 향해 갔다. 일곱 마리의 백조 처녀가 있었다. 백조 처녀들은 공을 가지고 놀고 있었다. 누가 더 빨리 공을 잡는지 시합하는 놀이였다. 부윤다는 백조 처녀들이 날아온 것을 기억했다가 나중에 형에게 말해 주기 위해 소매 끝의 끈으로 매듭을 만들었다. 저녁이 되어 부윤다가 집으로 돌아왔을 때 형은 이미 집에 와 있었다. 움체긴은 동생의 윗옷을 벗기려고 했다. 끈을 풀려고 했으나 풀 수가 없었다.

움체긴이 동생에게 물었다.

"어째서 옷에 매듭을 묶었어?"

부윤다는 생각을 하고 또 해 봐도 기억이 나지 않았다. 형은 매듭을 풀려고 오랫동안 고생을 했고 마침내 매듭을 풀었다. 그리고 동생을 자리에 뉘었다.

다음 날 아침 움체긴은 다시 사냥을 나갔다. 움체긴이 나가자 다시 일곱 마리의 백조가 날아와서 바싹 마른 호수에 있는 자그마하게 솟아오른 곳에서 놀기 시작했다.

부윤다는 또 호수로 갔다. 백조 처녀들은 사람처럼 말하기 시작했다.

"부윤다, 너 또 왔니?"

"응. 또 왔어."

"어제 네 형에게 우리가 왔다 갔다고 말했니?"

"아니. 말하지 못했어. 잊어버렸어."

"그렇다면 좋아. 아주 장해. 이 공을 가져갈래?"

"아니. 가져가지 않을 거야! 너희들은 우리 땅에서 뭐 하는 거야? 뭐가 필요해? 무엇을 찾는 거야? 누가 너희를 이리로 보냈어? 여기는 내 집이고 내 땅이야. 나와 내 형 거야. 형이 사냥에서 돌아오면 너희에 대해 다 말할 거야."

"안 돼. 말하지 마. 제발 부탁이야. 우리 같이 놀자. 봐! 주위가 얼마나 아름답니! 아주 큰 호수가 있고 넓고 큰 만이 있잖아! 풀과 꽃도 얼마나 많니! 여기서 우리와 같이 놀자. 제발 형에게 우리에 대해 말하지 마."

아침이 지났다. 정오가 되자마자 백조들은 해가 있는 쪽을 향해 날아갔다.

혼자 남은 부윤다는 집으로 갔다. 집으로 가면서 생각했다.

'어째서 백조들이 여기로 날아온 거지? 형에게 백조들에 대해 말해야겠어.'

힘들게 집에 온 부윤다는 아무것도 먹지 않은 채 바로 잠이 들었다. 그는 피곤했고 힘들었다. 부윤다가 잠을 자고 있을 때 형이 사냥에서 돌아왔다. 야생 사슴을 잡아 가지고 왔다. 움체긴은 고깃국과 차를 끓인 후 동생을 깨웠다. 동생은 아무리 깨워도 일어나지 않았다. 동생은 너무 약해져 있었고 힘이 하나도 없었다. 마침내 동생이 잠에서 깼다.

"부윤다! 무슨 일이야? 벌써 이틀째야. 어디에 갔었어?"

부윤다는 아무 말도 하지 못했다. 그는 끈을 옷에 더 세게 묶었다. 매듭을 단단히 묶었다. 3일째 되는 날 움체긴이 다시 부윤다에게 물었다.

"부윤다, 말해 봐! 누가 우리 집에 왔었어?"

"아무도 오지 않았어."

그날도 움체긴은 사냥을 갔다. 그러나 사냥터에서 움체긴은 그동안 매일 부윤다에게 생긴 일을 생각하고는 무슨 일인지 알아보기로 결심했다. 그는 몰래 집으로 돌아와서 집에서 가까운 곳에 몸을 숨겼다.

얼마 후 백조들이 날아왔다. 그의 머리 위를 날면서 백조들은 노래를 불렀다.

"부윤! 부윤! 부윤다! 어디에 네 동생을 숨겼니? 부윤! 부윤! 부윤다! 네 형 움체긴이 바로 여기 있어. 그렇지? 부윤! 부윤! 부윤다! 형이 숨어 있어. 그렇지? 부윤! 부윤! 부윤다!"

백조들은 그렇게 노래를 부른 후 땅으로 내려오지 않고 다시 날아갔다. 움체긴은 창고에서 나와 동생에게 갔다. 다시 동생에게 물었다.

"부윤다, 백조들이 날아온 거 맞지?"

"응. 백조들이 왔어. 벌써 3일째야. 그래서 내가 기억하기 위해 매듭을 묶었어."

"그래. 좋아. 그들이 무엇을 했어?"

"백조들이 털을 벗자 처녀로 변했어. 그러고 나서 자신의 털을 어딘가에 감추었어. 처녀로 변신해서 뛰어다니고 놀이를 했어. 호수를 뛰어다니며 놀았어."

나흘째 되는 날이었다. 형은 동생에게 사냥을 간다고 말했다. 곧 일곱 마리 백조가 날아와서 부윤다 머리 위를 돌며 노래하기 시작했다.

"부윤! 부윤! 부윤다! 형 움체긴이 여기에 있는 거니? 없는 거니? 부윤! 부윤! 부윤다!"

부윤다가 답했다.

"형은 없어. 사냥 가서 아직 오지 않았어."

백조들은 내려왔다 올라갔다 하며 오랫동안 빙빙 돌았다. 그렇게 돌다가 마침내 깨끗하고 넓은 호수로 차례로 내려와 앉았다. 백조들은 털옷을 벗어 숨겼다. 움체긴은 백조들이 눈치챌 수 없는 나무 그루터기 구멍 속에 숨어서 백조들이 털을 어디에 숨기는지 몰래 지켜보았다. 움체긴은 백조들이 한참 놀이에 빠져 있을 때 털 하나를 집어 아무도 모르게 다른 곳에 숨겼다. 백조의 털을 숨긴 움체긴은 동생에게 가서 말했다.

"부윤! 내가 백조의 털 하나를 나무 구멍 속에 숨겼어. 아무에게도 이 사실을 말하면 안 돼! 듣고 있지? 아무에게도 말하면 안 돼!"

"알아. 아무에게도 말하지 않을게! 내가 왜 말하겠어?"

"잘 기억해. 아무에게도 내가 백조의 털 하나를 숨겼다고 말하면 안 돼."

"별 걱정을 다 하네. 내가 왜 그런 말을 하겠어."

움체긴은 백조 처녀들을 만나러 갔다. 그들은 일곱이었다. 그들은 움체긴을 알아보고 소리치기 시작했다.

"아, 움체긴이다! 움체긴이 오고 있다!"

움체긴을 본 백조 처녀들은 자신의 털옷이 있는 곳으로 황급히 달려갔다. 여섯 백조는 자신의 털옷을 찾아서 바로 날아가 버렸다. 일곱 번째 백조는 자신의 털옷을 찾지 못했다. 백조는 자신의 옷을 찾고 또 찾았다. 온 호수를 다 찾아다녀도 없었다. 찾을 수 없었다. 마침내 백조는 누군가 자신의 털옷을 감췄다고 짐작했다. 백조는 움체긴에게 간청했다.

"당신이 나와 동갑이면 부디 내 남편이 되어 주세요. 설사 나보다 나이가 아래라도 내 남편이 되어 주세요. 그러니 제발 내 털옷만은 돌려주세요."

"아니. 돌려주지 않을 거야. 나에게 시집와. 내 아내가 되어 줘. 그러고 싶지 않더라도 내 아내가 되어야만 해."

그렇게 말한 후 움체긴은 백조를 집으로 데리고 갔다. 그들은 함께 살았다. 며칠, 몇 달, 아니 몇 년을 살았는지 아무도 모른다. 그들은 함께 계속 살았다.

여름이 되었다. 백조들이 놀던 들판의 눈이 녹았다. 백조 아내는 백조들과 예전에 부윤댜와 함께 놀았던 것을 회상하곤 했다. 그녀는 다시 놀고 싶어졌다.

움체긴의 아내는 부윤다를 불러 호수로 데려갔다.

"부윤! 부윤! 예전에 일곱 마리 백조들이 놀았던 것처럼 여기에서 놀자. 어때? 자! 두 마리 백조처럼 같이 놀자!"

부윤다가 승낙했다.

"그래요. 놀아요!"

움체긴의 아내가 말했다.

"부윤! 부윤! 내가 이 공을 던질 테니 잡아 봐."

두 사람은 공놀이를 하기 시작했다. 공을 잡으러 뛰기 시작했다. 공은 굴러갔다. 부윤다는 공을 잡으러 뛰었다. 공이 이리저리 굴러서 여자는 도저히 공을 잡을 수 없었다. 마침내 부윤다가 공을 잡는 데 성공했다.

"부윤! 호숫가에서 이렇게 노니까 참 좋아!"

"재미있어요. 여기에서 공놀이를 하니까 좋은데요."

부윤다도 백조의 말에 동의했다.

"부윤! 네 형이 어디에 내 털옷을 숨겼는지 말해 줄래?"

"형이 어디에 숨겼는지 알아요."

백조는 부윤다에게 털옷이 어디에 있는지 보여 달라고 계속 조르기 시작했다. 그리고 말했다.

"이 공을 받아. 지금부터 이 공은 너와 항상 함께할 거야. 이 공을 가지고 놀아. 네 형은 야생 사슴을 사냥해서 집으로 가지고 올 거야. 앞으로도 계속 가지고 올 거야. 나 역시 내 털옷을 입어 본 후 다시 가져다 놓을게."

"여기서 멀지 않은 곳에 나무 그루터기 구멍이 있어요. 거기에 털옷을 숨겼어요. 가요, 보여 줄 테니."

백조가 황급히 부탁했다.

"가자."

부윤다는 구멍 속에서 백조의 털옷을 꺼내 여자에게 건넸다. 여자는 털옷을 입고 날아가 버렸다.

여자는 날아가기 전에 자신이 임신을 했고 다시는 자신을 찾지 말라고 형에게 전하라고 말했다. 백조는 정오의 해가 있는 곳을 향해 날아갔다.

저녁이 되었다. 해는 지평선으로 낮게 내려오다가 마침내 완전히 사라졌다. 움체긴이 사냥에서 돌아왔다. 집에는 아무도 없었다. 그는 놀라 호숫가로 달려갔다. 거기에서 동생 혼자 공을 가지고 놀고 있었다.

"부윤, 무슨 일이야? 형수는 어디 있어? 어디로 사라졌어?"

"몰라. 나에게 이 공을 주었어. 대신 내가 형수의 털옷이 숨겨진 곳을 말해 주었어."

움체긴이 화를 냈다.

"그러면 너는 그 공과 함께 살아. 나는 떠날 거야. 말해. 형수가 어느 쪽으로 갔니?"

"해가 있는 쪽으로 날아갔어. 한낮 내내 거기 해가 있었어. 한낮의 해를 바라보며 곧장 날아갔어."

"난 떠날 거야. 너는 그 공과 함께 살아. 공과 함께 남아 있어."

움체긴은 화를 내며 길을 떠났다.

얼마를 걸었는지 기억이 나지 않았다. 때론 새처럼 날기도 했고 때론 뱀처럼 기어가기도 했다. 길을 가는 것이 아주 고통이었다. 하루는 너무 피곤했고 힘이 다 빠져나갔다고 느꼈다. 언덕 위의 흙덩이를 베고 잠시 누웠다. 그는 이렇게 죽는구나 하고 생각했다. 깊게 숨을 쉬었고 잠들고 싶었다. 그런데 갑자기 연기 냄새가 났다. 움체긴은 손으로 땅을 헤쳤다. 오래전에 세워진 이동 천막이 있었다. 마치 땅속에서 자란 것처럼 천막은 흙으로 덮여 있었다. 그는 조심조심 문의 휘장을 걷고 들어갔다. 천막에는 한 노파가 누워 있었다. 노파가 물었다.

"오! 움체긴! 왔니?"

"네. 제가 왔어요. 그런데 제가 움체긴이라는 것을 어떻게 아세요?"

"네 아내가 여기를 지나갔어. 그리고 멀리 날아가 버렸어. 앉아."

"너무 배가 고파요!"

움체긴은 집 안을 둘러보았다. 침대 위에 흙이 잔뜩 있었다. 노파는 이불을 조금 들추더니 고깃덩이를 꺼냈고 골무에 물을 따라 움체긴에게 건넸다. 움체긴은 노파가 이불 밑에서 꺼내는 것을 보았을 때 불길한 느낌이 들었다. 움체긴은 물을 다 마신 척했다. 사실은 물을 품속에 따라 버렸다. 고기도 먹는 척하고 품속에 넣었다. 노파는 움체긴에게 어디로 가는지, 아내를 따라잡을 수 있겠는지 묻기 시작했다. 노파가 말했다.

"아마 아내를 따라잡지 못할 거야. 그러나 따라잡건 따라잡지 못하건 길을 알려 줄게. 만일 네가 용감하다면 운 좋게 돌아올 거야. 여기에서 멀지 않은 곳에 우리 언니가 살아. 먼저 거기까지 가는 길을 알려 줄게."

움체긴은 천막에서 나왔다. 마음이 가벼웠고 기분이 좋았다. 집에서 나올 때 그는 품속에 있는 고기를 던져 버리고 물을 따라 버리려고 했다. 그러나 품속에는 아무것도 없었다. 그는 포만감을 느꼈고 계속 길을 갔다.

움체긴은 배가 불렀다. 얼마 동안 걸었는지 아무도 모른다. 이야기만 안다. 그는 새처럼 날았고 담비처럼 뛰었다. 또다시 그는 힘이 빠졌다.

'차라리 여기서 죽자.'

움체긴은 그렇게 결심하고 언덕 위의 흙덩이를 베고 누웠다. 그런데 또다시 연기 냄새가 났다. 연기는 땅속에서 나고 있었다. 그는 가까스로 천막의 휘장이 있는 곳까지 다가갔다. 휘장을 열고 안으로 들어갔다. 안에는 노파가 있었다. 침대 위에는 이끼와 풀이 무성했다.

노파가 물었다.

"누구니? 혹시 움체긴이니?"

"네. 제가 움체긴이에요."

"아내를 찾아가니? 찾지 못할 거야."

"어쨌든 제 아내를 찾으러 갈 거예요."

"기다려. 불을 피울 테니. 불을 피워 차를 마시자. 마실 거와 먹을 것을 만들어 줄게."

불이 피워졌다. 그러나 노파는 아무것도 끓이지 않았다. 노파는 침대 밑에서 골무를 꺼내 물을 따라 주며 말했다.

"움체긴, 이 물을 마셔."

움체긴은 노파에게서 물을 받았다. 그러자 노파는 고깃덩이를 다시 건넸다. 움체긴은 먹는 척하며 고기를 품속에 넣었다.

노파가 다시 물었다.

"아내를 찾는다고?"

"네. 그런데 어떡하면 찾을 수 있어요? 도와주세요."

"내가 길을 알려 주면 아내를 찾을 수 있어."

움체긴은 노파에게 애원하기 시작했다.

"좀 도와주세요. 저는 지상에 사는 사람이에요. 저는 저승에서 오지 않았어요."

"오! 네가 만일 지상에서 온 사람이라면 길을 알려 줄게. 내가 너에게 나무판을 주마. 너는 절대 피곤하거나 고통스럽지 않을 거야. 네 앞에 거대한 바다가 나타날 거야. 그런데 네게 그 바다를 건널 힘이 있겠니? 그때 이렇게 하도록 해. 이 나무판을 바다에 가로로 놓고 '얼어라'라고 소리를 질러. 그러면 물이 꽁꽁 얼 거야. 그렇게 하면 바다를 건널 수 있어. 만일 네가 용기가 있으면 바다를 건널 것이고 용기가 없으면 건너지 못할 거야."

노파는 이끼 밑에서 나무판을 꺼내서 움체긴에게 주었다. 움체긴은 노파에게 감사를 표하고 황급히 천막에서 뛰쳐나왔다. 움체긴은 고기를 던져 버리고 물을 따라 버리려고 했으나 이번에도 역시 아무것도 없었다. 대신 포만감을 느꼈고 손에는 나무판이 들려 있었다. 움체긴은 노파가 알려 준 길을 따라 걸었다. 걷고 또 걸었다. 얼마를 걸었는지 모른다. 때로는 새처럼 날았고 때로는 뱀처럼 기어갔다. 마침내 눈앞에 거대한 바다가 나타났다. 그는 노파가 말한 대로 나무판을 가로로 놓고 외쳤다.

"얼어라!"

순간 바다가 얼어붙었다. 그리고 움체긴은 담비로 변한

채 바다를 건넜다. 얼마를 달렸는지 아무도 모른다. 아마도 이야기만 안다. 움체긴은 힘이 빠지기 시작했다. 그는 이렇게 죽는다고 생각하고 흙덩이를 찾기 시작했다. 그때 갑자기 일곱 처녀가 눈에 띄었다. 처녀들은 움체긴이 살던 곳에서처럼 모두 함께 놀고 있었다. 그의 백조 아내가 새에게 자신의 아기를 달래라고 시켰다. 새가 아기를 달래며 노래했다.

"아가, 울지 마! 네 아빠 움체긴은 용감한 분이야. 오래 걸려 마침내 여기 도착했어. 알고 보니 아주 인내심이 강한 분이야."

백조 처녀들은 움체긴이 온 것을 눈치채지 못했다. 백조들은 아기의 유모 새를 혼내고 때리기 시작했다.

"뭐라고 노래하는 거야? 움체긴이 어디에 있어? 어디 그가 왔다고 그래? 봐! 아기를 달래기나 해. 아기를 울리지 마! 우리는 계속 놀 테니."

처녀들은 새를 혼내고 때리고 나서 놀러 뛰어갔다. 얼마 후 유모 새가 다시 노래하기 시작했다.

"아가, 울지 마! 네 아빠 움체긴은 용감한 분이야. 거대한 바다를 건넜어. 이리 오고 있어. 마침내 도착했어!"

새의 노래를 들은 백조 처녀들은 또 유모 새를 때리기 시작했다.

"왜 그런 노래를 부르니? 말도 안 돼! 움체긴에 대해 노래하다니 말도 안 돼!"

처녀들은 다시 놀러 뛰어갔다. 그러나 유모 새는 처녀들의 말을 듣지 않았다. 아기를 달래며 또 노래를 불렀다.

"아가, 울지 마! 네 아빠 움체긴은 용감하고 지혜로운 분이야. 담비로 변해서 걷고 기어서 오고 있어. 마침내 도착했어."

백조 처녀들이 놀러 갔을 때, 움체긴은 유모 새로부터 백조 처녀들의 털이 어디에 숨겨져 있는지 알아냈다.

움체긴은 아내의 털을 찾아 태워 버렸다. 불길을 본 백조 처녀들은 날아갔다. 오직 한 백조만이 날아가지 못하고 남았다. 아내였다. 그녀는 자신의 털을 찾을 수 없어서 날아갈 수 없었다. 그렇게 백조 처녀는 영원히 지상의 여자로 변한 채 살게 되었고 유모 새는 처녀로 변했다. 세 사람은 거대한 바다를 한걸음에 건넜다. 노파들은 조바심을 내며 그들을 기다렸고 모두들 함께 움체긴의 고향으로 갔다. 움체긴의 고향에 도착해 집으로 들어가니 부윤댜가 죽은 채 누워 있었다. 뼈만 뒹굴었다. 움체긴은 동생의 뼈를 모아 그 위에 물을 뿌렸다. 그러자 부윤댜가 살아났다. 마치 아무 일도 없었던 것처럼, 마치 긴 잠에서 깨어난 것처럼 일어나서 물었다.

"형! 어디 갔다 왔어?"

그렇게 움체긴은 무사히 고향으로 돌아왔다. 움체긴과 부윤다는 잘 살게 되었다. 야생 사슴을 많이 사냥해서 집으로 가지고 왔다. 집에서 키우는 사슴이 많아졌다. 그렇게 그들은 잘 살게 되었다. 그들이 얼마 동안 살았는지 아무도 모른다.

두 자매 이야기

두 자매가 살았다. 동생은 샤먼이었다. 하루는 한 남자가 자매 집에 손님으로 왔다. 그는 언니와 사랑에 빠졌고 언니와 결혼을 했다. 그래서 세 사람이 함께 살게 되었다.

세월이 흘렀다. 어느 날 언니가 동생에게 말했다.

"우리는 다른 데로 이사를 가기로 했어."

언니네 식구가 이사 갈 날이 다가오자 샤먼 동생은 가죽을 벗기는 칼을 들고 언니에게 당부하기 시작했다.

"여기를 떠나는구나. 케르데예케네![1] 작은 낙엽송 사이에 정착해. 케르데예케네! 거기엔 꿩이 많아. 케르데예케네! 형부가 사냥을 할 거고. 케르데예케네. 형부가 꿩을 죽일 거야. 케르데예케네! 꿩은 발톱까지 살이 많을 거야. 케레데예케네! 계속 정착할 곳을 찾게 될 거야. 케르데예케네! 들판을 발견하게 될 거야. 케르데예케네! 딸기 넝쿨이 가까이에서 새파랗게 빛나고. 케르데예케네! 언니는 딸기를 따고 싶어질 거야. 케르데예케네!"

"동생아! 네가 하지 말라고 하는 것은 절대로 하지 않을

---

1) 케르데예케네 : 가죽을 무두질하는 기구. 여기서는 주문을 뜻한다.

거야."

동생은 계속해서 말했다.

"거기 들판에서 언니는 머물고 싶어질 거야. 케르데예케네! 들판으로 야생 사슴들이 몰려올 거야. 케르데예케네! 형부가 사슴들을 죽일 거야. 케르데예케네! 저녁에 들판으로 소가 들이닥칠 거야. 케르데예케네! 소에게는 아주 강한 발굽과 거센 뿔이 있어. 케르데예케네! 소는 죽은 사슴 고기를 먹을 거야. 케르데예케네! 언니는 형부에게 소를 죽이라고 말할 거야. 케르데예케네! 형부가 소를 사냥하러 갈 거야. 케르데예케네! 그렇게 언니가 형부를 난처하게 만들 거야. 케르데예케네!"

"아니야. 네가 하지 말라고 하는 것을 형부에게 시키지 않을 거야."

다음 날 아침 언니는 남편과 함께 이사를 갔다. 두 사람은 정착할 곳을 찾다가 작은 낙엽송이 있는 숲을 발견했다. 숲에는 꿩이 아주 많았다.

언니가 남편에게 말했다.

"한 마리라도 좋으니 꿩을 잡아 오세요!"

남자가 아내를 위해 꿩을 잡았다. 꿩은 진짜 발톱까지 살이 통통했다. 두 사람은 계속해서 정착할 곳을 찾아 걸었다. 두 사람은 들판에 다다랐다. 들판에는 딸기 넝쿨이 아주 많았다. 모두 아주 새파랬다.

"여기 너무 좋아요! 우리 여기 정착해요. 제가 딸기를 좀 따 올게요."

"여보, 안 돼! 처제가 그런 짓 하지 말라고 우리에게 경고했잖아."

"멍청하긴. 그 애 말을 듣다니!"

두 사람은 들판에 집을 지었다. 갑자기 야생 사슴들이 들판으로 달려왔다.

"여보, 가서 사슴을 잡아 오세요."

남편은 사슴을 사냥하러 갔다. 남편은 사슴을 죽여 고기를 숨겨 두었다. 그런데 저녁에 들판에 소 한 마리가 나타났다. 소는 숨겨 둔 사슴 고기를 찾아내 먹기 시작했다.

"여보! 가서 저 소를 쫓아 버려요!"

"난 가지 않을 거야. 처제가 그렇게 하지 말라고 했잖아."

"빨리 가세요. 그러지 않으면 소가 고기를 다 먹어 치우겠어요!"

남편은 소를 쫓아 버리려고 갔다. 남편이 소에게 다가가자 소가 덤벼들어 남편을 뿔로 받아 버렸다. 소는 남편을 뿔 위에 얹은 채 가 버렸다.

언니는 울고불고했으나 달리 방법이 없었다. 언니는 어쩔 수 없이 동생에게 다시 돌아가기로 결심했다.

언니는 동생에게 와서 자초지종을 이야기했다.

저녁에 샤먼 동생은 가죽을 벗기는 칼을 들고 노래하기 시작했다.

"내 말을 듣지 않더니 남편을 곤경에 빠뜨렸구나. 케르데예케네! 귀신들이 그를 데리고 갔어. 케르데예케네! 칼아! 칼아! 하늘로 올라가. 케르데예케네! 형부를 찾는 걸 도와줘. 케르데예케네!"

동생은 그렇게 노래를 부르고 나서 칼 위에 앉았다. 그 순간 칼은 날개 달린 사슴으로 변했다. 입에서는 불을 내뿜었다. 샤먼 동생은 사슴 등에 올라타 날아갔다.

동생은 들판으로 내려왔다. 움막 한 채가 서 있었다. 집 안에는 아주 큰 모닥불이 타고 있었다. 모닥불 근처에서 귀신들이 남자 등에 올라타 채찍으로 등을 때리며 몰았다. 남자는 힘들어서 숨을 몰아쉬었는데 몸은 상처투성이였다.

그때 샤먼 동생이 집 안으로 들어갔다. 가방에서 사슴 비계가 붙은 창자를 꺼내 모닥불로 던졌다.

샤먼 동생이 창자를 던지자마자 귀신들은 사라졌다.

샤먼 동생이 형부의 상처에 침을 발라 주자 상처는 언제 그랬냐는 듯이 씻은 듯이 나았다. 조금 후 샤먼 동생과 형부는 언니가 기다리는 집을 향해 출발했다. 언니는 남편과 샤먼 동생이 무사히 돌아온 것을 보고 무척 기뻐했다.

촐레레

옛날에 오누이가 살았다. 오누이는 개 한 마리와 함께 살았다. 개가 얼마나 오누이를 좋아하는지 항상 오누이 뒤를 졸졸 따라다녔다.

어느 날 누이동생을 집에 혼자 남겨 두고 오빠는 사냥을 하러 갔다. 오빠는 호수에 있는 오리 한 마리를 발견하고 잡으려고 했다. 그러자 오리가 사람처럼 말했다.

"죽이지 마세요. 어려운 순간에 처하면 저를 부르세요. 제가 도울게요."

오빠는 오리가 가여워서 놓아주었고 아무것도 사냥하지 못한 채 집으로 향했다. 개가 뒤를 따라오며 말했다.

"주인님, 보세요! 제 등에 기어가고 있는 게 뭐죠?"

오빠가 개 등에 무엇이 있는지 보려고 하자 개가 말했다.

"제가 죽으면 제 몸을 여섯 조각으로 자르세요."

"왜 친한 친구를 조각내라고 하니?"

오빠는 그렇게 대꾸하고 계속 개 등에서 기어 다니는 것을 찾았다.

오빠는 개의 등에서 큰 벼룩 한 마리를 발견하고 죽였다.

개는 그 자리에서 죽었다.

오빠는 울음을 터뜨렸고 개가 부탁한 대로 개를 여섯 부분으로 자르기로 결정했다.

다음 날 오빠는 개를 남겨 두고 온 곳으로 갔다. 늑대 두 마리와 곰 두 마리, 여우 두 마리가 자신의 개를 먹고 있었다. 가까이 가도 짐승들은 놀라지도 않고 오히려 자신의 주인을 만난 것처럼 오빠를 향해 뛰어왔다. 오빠는 짐승들을 집으로 데려왔다. 그때부터 짐승들은 항상 오빠와 함께 다녔다.

어느 날 오빠는 사냥을 갔고 누이동생은 물을 길으러 강으로 갔다. 누이동생이 물을 퍼 담을 때 맞은편 강가에 촐레레[2]가 앉아 있었다.

촐레레는 누이동생을 바라보고 물었다.

"아가씨! 어떻게 강을 건너?"

"오빠에게 마법의 손수건이 있어요. 오빠가 손수건을 흔들면 강을 연결하는 다리가 생겨요. 그렇게 강을 건너요."

"아가씨! 아가씨가 아주 맘에 들어. 내가 아가씨가 있는 그쪽으로 건너가고 싶은데!"

"건너오세요!"

"오빠가 가진 마법의 손수건을 훔쳐. 그러면 내가 건너갈

---

2) 촐레레 : 팔다리와 눈이 하나인 귀신.

수 있어."

누이동생은 오빠의 마법의 손수건을 훔쳐 촐레레가 강을 건너게 도와주었다.

촐레레는 누이동생에게 또 명령했다.

"오빠가 사냥에서 돌아오면 아픈 척해. 오빠가 무슨 일이냐고 물으면 병이 났다고 말해. 그러면 오빠가 너에게 신선한 고기를 줄 거야. 그러면 고기를 먹지 말고 창고에 가서 말린 생선을 가져다 달라고 말해. 오빠가 나가면 내가 집으로 갈게."

누이동생은 촐레레의 말을 다 듣고 난 후 집으로 갔다. 촐레레는 숲에 숨었다.

오빠가 사냥에서 돌아왔다. 누이동생은 신음 소리를 내며 오빠에게 창고에 가서 생선 말린 것을 가져다 달라고 부탁했다.

오빠는 출발했다. 첫 번째 창고로 다가갔다. 창고 문은 굳게 닫혀 있었다. 창고 안에는 두 마리 곰이 갇혀 있었다. 오빠는 두 번째 창고로 다가갔다. 문은 마치 땅에 딱 달라붙은 것 같았다. 도저히 열 수가 없었다. 그 안에는 두 마리 늑대가 앉아 있었다. 문이 굳게 닫힌 세 번째 창고에는 여우 두 마리가 갇혀 있었다. 아무리 열려고 해도 문은 열리지 않았다.

오빠는 집으로 돌아왔다. 오빠는 깜짝 놀랐다. 무서워서 몸이 쪼그라들었다. 누이동생 옆에 앉아 있는 것이 도대체 무엇인가? 자세히 살펴보니 촐레레가 집에 와 있는 것이 아닌가. 팔다리가 하나에 눈도 하나고 그마저 이마에 붙어 있는 촐레레가 앉아 있는 것이 아닌가. 이빨은 강철로 된 것 같았다. 촐레레가 말했다.

"마침 잘 왔어. 네 간을 기꺼이 먹어 주마. 먼저 몸을 깨끗이 씻고 와."

오빠는 무서웠다. 어떻게 해야 하나? 오빠는 오리가 한 말이 생각났다.

'아마 진짜 오리가 나를 도와줄지도 몰라.'

오빠가 그렇게 생각하자마자 오리가 날아왔다. 오리가 날개로 창고 문을 때리자 문이 산산이 부서졌고 그 안에서 곰과 늑대, 여우가 뛰어나왔다. 짐승들은 바로 자신의 주인을 향해 달렸다.

곰이 오빠에게 물었다.

"주인님! 무슨 일이 있으세요?"

"촐레레가 몸을 씻고 오라고 나를 집에서 내쫓았어. 몸을 씻고 오면 나를 잡아먹겠다고 했어."

"몸을 씻은 후 집으로 가지 말고 촐레레를 이리로 오게 하세요. 촐레레를 우리가 있는 곳으로 오도록 하세요."

그때 집에서 여자의 고함 소리가 들렸다.

"오빠! 뭐가 그렇게 오래 걸려? 촐레레가 시장하잖아!"

"촐레레더러 직접 이리 오라고 말해!"

촐레레가 집에서 나왔다. 그는 오다가 칼을 갈았다. 촐레레가 욕조가 놓인 마당으로 오자 늑대들이 달려들었고 곰들이 이빨로 물어뜯었다. 그리고 여우들이 욕조에서 뛰쳐나와 촐레레를 물어뜯기 시작했다. 짐승들이 촐레레를 갈기갈기 찢어 놓았다. 오빠는 욕조를 불태웠다. 욕조와 함께 촐레레도 불태웠다.

오빠는 집으로 들어가 여동생을 묶어 숲으로 끌고 갔다. 여동생을 구부러진 아주 큰 나무에 매달았다. 여동생의 얼굴 아래에 큰 솥 두 개를 놓은 다음 말했다.

"만일 네가 나에게 한 짓을 반성하고 슬퍼한다면 오른쪽 솥에 눈물이 가득 찰 것이고 왼쪽 솥은 뒤집어질 것이야. 만일 네가 촐레레의 죽음을 슬퍼한다면 왼쪽 솥에 눈물이 가득 차고 오른쪽 솥이 뒤집힐 거야."

오빠는 그렇게 말한 후 가 버렸다.

다음 날 오빠는 누이동생이 있는 곳으로 갔다. 왼쪽 솥에 눈물이 가득했고 오른쪽 솥은 뒤집혀 있었다. 오빠는 화가 났다. 묶인 누이동생을 숲에 놔두고 발길이 닿는 대로 정처 없이 떠났다.

오빠는 어느 마을에 도착해 거기에서 결혼을 해 정착했다. 한편 누이동생은 계속 나무에 묶여 있다가 끈이 썩자 나무에서 떨어졌다. 누이동생은 집으로 갔다. 집에는 아무도 없었고 예전에 욕조가 놓였던 자리에는 재만 날리고 있었다. 그녀는 불탄 욕조의 재를 밟고 걸어 다니다 촐레레의 이빨을 발견했다. 누이동생은 이빨을 주머니에 넣고 오빠를 찾으러 갔다.

누이동생은 오빠가 살고 있는 마을로 와서 오빠 집으로 들어갔다. 아주 착하고 사랑스러운 누이동생 흉내를 냈다.

잠자리에 들 시간이 되자 누이동생이 오빠에게 말했다.

"오빠, 내가 직접 오빠 이부자리를 깔아 줄게."

누이동생은 오빠가 누울 곳에 촐레레의 뾰족한 이빨을 놓았다. 모두 잠자리에 들었다. 아주 고요했다.

아침에 일어나 보니 오빠가 죽어 있었다. 오빠의 아내는 울부짖었다. 무엇 때문에 갑자기 남편이 죽었는지 황당했다. 어떻게 해야 하나?

오빠의 아내와 누이동생은 오랫동안 비통해하다가 오빠를 어떻게 묻어야 할지 상의했다. 누이동생은 화장하자고 했으나 오빠의 아내가 말했다.

"아니에요. 나무 위에 놓아둘 거예요. 쇠를 붙인 관에 넣어 짐승들이 해치지 못하게 아주 큰 나무 위에 매달 거예요. 오빠의 짐승들인 곰, 여우, 늑대는 나무 밑에 파묻어야 해요."

오빠의 아내의 소원대로 장례가 치러졌다. 시체를 관에 넣어 하늘에 닿을 정도로 아주 높은 나무 위에 매달았다. 짐승들은 나무 근처 땅속에 묻었다.

짐승들이 땅속에서 말했다.

"아이고! 어두워! 어떻게 여기서 나가지?"

늑대가 말했다.

"여우더러 흙을 파라고 해. 흙을 뚫고 나갈 수 있을 거야."

여우들이 흙을 파기 시작했다. 오랫동안 팠다. 갑자기 여우가 외쳤다.

"얘들아! 해가 보여! 머지않아 우리는 여기에서 나가게 될 거야!"

늑대가 말했다.

"곰아! 넌 굴 파는 선수잖아. 여우 뒤를 이어 네가 파!"

곰이 여우를 도와주었다. 얼마 후 그들은 땅속에서 나올 수 있게 되었다. 짐승들은 나와서 나무 위에 높이 걸려 있는 주인의 관을 보았다.

"어떻게 저렇게 높이 있는 관을 이리로 가져오지?"

늑대가 생각해 냈다.

"어쩌면 오리가 우리를 도와줄 수 있을지 몰라."

늑대가 그렇게 말하자마자 오리가 벌써 날아왔다. 오리가 날개로 관을 치자 관이 부서졌다. 시체가 아래로 떨어졌고 짐승들이 떨어지는 시체를 받았다. 짐승들은 오빠를 자세히 살펴보았다. 옆구리에 상처가 있었고 옆구리는 온통 피로 물들어 있었다.

곰이 말했다.

"내가 상처를 치료해 볼게. 늑대야, 너는 빨리 뛰어가서 샘물을 길어 와. 너는 원래 달리기를 잘하잖아."

늑대는 샘물을 길으러 갔고 나머지 짐승들은 오빠의 상처에 침을 바르기 시작했다.

얼마 후 늑대가 샘물을 길어 왔다. 짐승들이 상처에 샘물을 바르자 오빠는 아무 일도 없었던 것처럼 벌떡 일어났다.

첸게 이야기

한 바닷가에 있는 움막에 첸게라는 이름의 여자가 살고 있었다. 그녀에게는 어린 두 아이가 있었다. 옆집에는 노인과 노파가 살았다. 첸게는 물고기를 잡고 사냥을 했으나 아이들은 항상 배가 고팠다. 첸게는 물고기와 다른 식량거리를 집으로 가져왔으나 이웃 노인과 노파가 그것들을 다 가져가 버렸다.

어느 봄날 첸게는 물고기를 잡으러 바다로 갔다. 폭풍우에 떠내려온 물고기가 있나 보려고 바다로 갔다. 첸게는 망태기 하나 가득 물고기를 잡았다. 집에 와서 물고기가 든 망태기를 집 근처 나무에 매달아 놓았다. 첸게가 잠깐 집으로 들어간 사이 이웃 노인이 몰래 와서 물고기를 모두 훔쳐 갔다. 노인은 물고기 대신 망태기에 막대기들을 집어넣었다.

첸게가 집에 와서 아이들에게 말했다.

"얘들아! 오늘 엄마가 물고기를 많이 잡았어. 물고기가 든 망태기를 나무에 걸어 두었으니 가서 가져오렴!"

아이들은 뛰어갔다. 망태기를 열어 보니 거기에는 막대기만 있었다. 아이들이 엄마에게 소리를 질렀다.

"엄마! 물고기가 어디에 있어요? 안 보여요."

첸게가 직접 살피러 갔다. 망태기 안을 보니 물고기는 진짜 없었다.

아이들은 울음을 터뜨렸다. 아이들은 아무것도 먹지 못한 채 잠자리에 들 수밖에 없었다.

다음 날 첸게는 다시 해안가로 갔다. 떠내려온 바다표범을 발견하고 가죽을 벗기기 시작했다. 이웃 노인이 첸게에게 다가와서 말했다.

"가죽을 벗기는 일은 여자 혼자 하기는 힘들어. 내가 도와줄게."

첸게는 바다표범을 노인에게 건네 가죽을 벗기도록 했다. 그리고 떨어져 앉아서 기다렸다. 노인은 가죽을 벗긴 후 고기를 자신의 자루에 넣고 첸게의 자루에는 피를 바른 돌을 넣었다. 첸게는 자루를 힘들게 끌고 집으로 왔다. 자루는 아주 무거웠다.

집에 와서 아이들에게 말했다.

"얘들아! 오늘은 엄마가 바다표범을 가지고 왔어. 고기를 먹을 거야. 고기를 씻어야 하니까 가서 물을 길어 오렴."

아이들이 물을 길어 왔다.

"이제 고기가 든 자루를 가지고 와. 담벼락 근처 길바닥에 있어."

아이들은 고기를 가지러 갔다. 자루를 열어 보니 고기는 커녕 피 묻은 돌만 있었다. 아이들은 엄마에게 외쳤다.

"엄마! 고기는 없고 돌만 잔뜩 들었어요."

첸게가 직접 살피러 갔다. 자루 안을 들여다보니 진짜로 고기가 하나도 없었다. 아이들은 또 울음을 터뜨렸다. 아이들은 이미 며칠째 아무것도 먹지 못했다.

다음 날 첸게는 산으로 갔다. 산에서 세 마리 야생 사슴을 발견했다. 사슴을 죽였다. 첸게는 죽은 짐승의 가죽을 벗기고 내장을 제거하기 시작했다. 하루 종일 내장을 발라냈다. 사슴은 아주 살이 많았다.

첸게는 저녁 늦게 집으로 돌아왔다. 사냥한 것을 직접 들고 왔다. 첸게는 밤새 사슴 고기를 삶았다. 아이들은 기름진 고기를 배불리 먹었다. 아이들을 먹인 후 첸게는 자신의 집과 집 주위 물건들에게도 사슴 비계를 바치기 시작했다. 첸게는 물건들에 사슴 비계를 문지른 후 말했다.

"아무에게도 우리에 대해 말하지 마세요! 아무에게도 우리에 대해 말하지 마세요!"

다음 날 첸게는 죽은 사슴들의 고기를 놓아둔 곳으로 거처를 옮기기로 결심했다. 산기슭에 움막을 파고 살기 시작했다. 아주 잘살았다. 고기를 실컷 먹었다.

이웃 노인은 며칠 동안 바닷가에서 첸게가 보이지 않자 첸게 집으로 가 보았다. 집으로 들어가니 첸게는 없었다. 아이들과 물건도 없었다. 어디론가 이사를 갔다는 것을 알게 되었다. 노인이 집에게 물었다.

"집아! 네 주인이 어디로 갔니?"

집이 말했다.

"말해 주지 않을 거야. 첸게가 나를 배불리 먹여 주었어."

그러자 노인은 아궁이에게 물었다.

"아궁이야! 네 주인이 어디로 갔니?"

"말해 주지 않을 거야. 첸게가 나를 배불리 먹여 주었어."

노인은 잠잘 때 치는 휘장에게 물었다.

"네 주인이 어디로 갔니?"

휘장은 아무 말도 하지 않았다. 노인은 집 안에 있는 모든 물건에게 물었지만 아무도 말하지 않았다.

아궁이 옆에 장작개비가 놓여 있었다. 장작개비가 말했다.

"첸게가 나에게는 먹을 것을 주지 않았어. 그러니까 말해 줄게. 첸게가 산에서 사슴 세 마리를 죽였어. 거기로 떠났어."

노인은 첸게를 찾으러 출발했다. 산에 거의 다 왔을 때 연기가 나는 것을 보고 연기 나는 쪽으로 갔다. 노인은 생각했다.

'아마 저기에 첸게가 살고 있을 거야.'

노인은 집 안으로 들어갔다. 첸게가 앉아 있었고 아이들은 옆에 있었다. 맛있는 고기 냄새가 났다.

노인이 말했다.

"첸게! 고기를 가지러 왔어. 너는 왜 고기를 내게 나누어 주지 않았어? 너는 사냥한 고기를 나누어 먹는 우리의 관습을 지키지 않았어."

"주지 않을 거예요. 당장 꺼져요!"

첸게는 불 속에서 돌을 꺼내 노인에게 던졌다. 노인은 돌에 이마를 맞았다. 노인은 깜짝 놀라 집으로 황급히 도망갔다. 노인이 집에 와서 노파에게 말했다.

"여보! 첸게가 나를 때렸어. 빨리 이마를 치료해 줘!"

"치료해 주지 않을 거예요."

노인과 노파는 서로 욕을 하다가 마침내 들러붙어 싸웠다. 두 사람은 싸우다 모닥불 있는 데로 넘어져 죽을 뻔했다.

오모촌

옛날 옛적에 인간이 이 세상에 살기 시작하기 전에 이미 예벤인들은 숲과 산을 돌아다니며 씨족끼리 유목 생활을 했다. 열다섯에서 스무 명의 예벤인이 이동 가옥 대여섯 채에서 살았다. 가장 용감하고 용맹스럽고 잘 달리는 사람이 족장으로 선출되었다. 각각의 씨족들은 서로 반목했고 싸움을 벌이기 일쑤였다. 싸움에서 이긴 사람들은 진 사람들을 부려 먹었다. 서로를 죽이며 용맹하다고 인정받는 것이 삶의 목적이었다. 족장은 자신의 힘에 걸맞게 가장 이름난 장인이 만든 활을 소유했다. 힘이 약한 사람들은 족장의 활을 쏠 수 없었다. 족장의 활은 아주 무거워서 활시위도 당기기 어려웠다. 활은 사냥보다는 주로 전쟁에 이용되었다. 사람들은 가지고 다니기 편하도록 활을 더 작게 만들었다.

그 시절 힘세고 용감하고 부유한 한 예벤인이 있었다. 그의 이름은 오모촌이었다. 오모촌에게는 두 아내와 세 아들이 있었다. 그는 하인을 몇 명 두고 있었고 사슴이 아주 많았다. 얼마나 많았는지 하룻밤에 주위의 수십 킬로의 풀을 다 먹어 치울 정도였다.

어느 날 오모촌은 사흘 예정으로 사냥을 떠났다. 타고 다니는 사슴을 데리고 갔다. 오모촌은 야생 사슴 한 마리를 사냥해서 집으로 돌아왔다. 사슴 고기는 가져오지 않았다. 그가 집에 와서 보니 솥과 주전자를 걸어 놓는 긴 나무 막대기들만이 남겨져 있었고 그 나무 위에 세 아들의 머리가 걸려 있었다. 오모촌은 아들들의 머리를 내린 다음 죽은 아들들 곁에서 하룻밤을 꼼짝 않고 앉아 있었다. 다음 날 오모촌은 아들들을 죽이고 사슴 떼를 훔쳐 간 적들의 발자국을 찾아다녔다. 발자국은 북쪽으로 나 있었다. 오모촌은 사슴을 타고 또 다른 사슴 한 마리를 데리고 적들을 찾아 출발했다. 오모촌은 하루를 꼬박 달린 후 잠깐 쉬려고 멈추었다. 가지고 온 식량이 하나도 없었기 때문에 데리고 온 사슴을 죽였다. 사슴 고기로 요기를 하고 남은 고기를 챙긴 후 계속 적을 추격했다.

하루, 이틀, 사흘을 달렸다. 타고 온 사슴이 마침내 쓰러졌다. 오모촌은 걸어가기 시작했다. 사슴 고기도 다 떨어졌다. 그는 쉬지 않고 걷고 또 걸었다. 마침내 눈으로 덮인 구릉들이 오모촌의 눈에 들어왔다. 구릉들에는 나무 지팡이가 꽂혀 있었다. 오모촌은 처음에는 별 생각 없이 걷다가 놀라게 되었다. 각각의 구릉들은 마치 누군가 일부러 만들어 놓은 것처럼 다 똑같았기 때문이다. 오모촌은 한 구릉을 파 보았다. 거기에는 삶은 사슴 고기와 사슴 혀가 몇 개 있었다. 오모촌은 아주 기뻤다. 요기를 하니까 힘이 다시 생겼다. 눈은 생기가 돌아 반짝였다.

다시 하루를 걸었다. 한 곳에 다다랐다. 얼마 전까지 사람들이 있었던 것이 분명했다. 사람들이 있었던 흔적이 생생했다. 다른 곳처럼 거기에도 눈 덮인 구릉들이 있었다. 한 구릉을 파니 삶은 고기가 있었다. 오모촌은 자신의 두 아내와 사슴들을 훔쳐 달아난 적을 곧 잡을 수 있을 거라고 생각했다. 오모촌은 들판으로 나갔다. 한 여인이 사슴을 타고 행렬과 함께 가고 있었다. 한눈에 봐도 여인은 일행보다 뒤처져 가고 있었다. 여인보다 한참 앞에서 사슴 떼를 몰고 가는 사람들이 보였다. 오모촌은 여인 뒤를 따라가기로 작정했다. 여인은 오모촌이 따라오는 것을 눈치챘다. 여인은 짐을 고쳐 싣는 척하며 따라오는 오모촌을 몰래 돌아보았다. 오모촌은 여인이 자신의 첫째 아내임을 알아보았다.

오모촌이 다가가자 여인이 말했다.

“공연히 여기까지 오셨어요. 그들은 세 형제인데 전부 힘이 장사예요.”

“어떻게 해야 할까? 좋은 생각 있으면 말해 줘!”

그러자 아내는 짐 속에서 낡고 너덜너덜 해어진 옷을 꺼냈다.

“이 옷을 입으세요. 그리고 활은 여기에 두고 가세요. 저녁에 우리가 머무는 곳으로 와서 가장 큰 천막 안으로 들어

오세요. 그러면 제가 당신에게 다가가서 '어디에 그렇게 오래 있었어? 이 하인 놈아!'라고 말하며 당신을 때리기 시작할게요."

오모촌은 아내가 시키는 대로 했다. 저녁 무렵 오모촌은 일행이 머무는 곳으로 다가가 큰 천막 안으로 들어갔다. 거기에 아내가 있었다. 아내는 오모촌을 때리기 시작했다. 그렇게 하인 옷을 입은 오모촌은 적들과 함께 살게 되었다. 나중에 알고 보니 오모촌의 첫째 아내는 적들 중 맏이와 결혼을 했고 젊고 잘생긴 둘째는 오모촌의 둘째 아내와 결혼을 했다. 첫째 아내는 둘째 아내에게 절대 내색하지 말고 오모촌을 하인으로 대하라고 미리 당부했다. 오모촌은 아내가 시키는 대로 나무를 패고 물을 길어 왔다. 오모촌은 힘이 약한 척했고 시키는 대로 일을 했다.

첫째 아내는 오모촌의 원기를 회복시켜 주기 위해 기름진 고기를 항상 솥의 밑바닥에 남겨 두곤 했다. 모두가 식사를 다 하고 나면 아내는 오모촌에게 솥을 주며 말했다.

"이놈아, 밖으로 꺼져! 나가서 먹어."

그렇게 아내는 사람들을 속였고 오모촌에게 가장 좋은 음식을 먹였다. 매일매일 오모촌은 점점 힘이 강해졌다. 그러나 자신이 강해졌다는 것을 누구에게도 들키지 않았다. 형제들이 오모촌에게 장난삼아 활을 주자 오모촌은 활시위를 당길 힘도 없는 척했다. 활이 힘에 완전히 부치는 척했다. 형제들은 그 모습을 보고 깔깔거리며 오모촌을 조롱했다. 가끔 오모촌에게 화살로 자신들을 쏘아 보라고 시키고는 일부러 발랑 드러눕곤 했다. 오모촌의 모습이 너무 불쌍하고 가련해서 형제들은 웃지 않고는 배길 수 없었다.

세 형제에게는 늙은 아버지가 있었다. 아버지는 여러 번 세 형제에게 오모촌에 대해 말하곤 했다.

"아들들아! 저 하인은 아주 이상하고 위험해 보여. 용사를 닮았어. 아주 놀라운 것이 항상 한쪽 눈을 뜨고 잠을 자. 그를 죽이는 게 낫지 않겠니?"

그러면 세 용사가 대답하곤 했다.

"아버지, 걱정도 팔자세요! 저런 놈이 우리의 상대가 되겠어요? 저렇게 약해 빠진 놈이!"

그들은 그렇게 자신들을 이길 사람이 없다고 자랑하고 오모촌을 약하다고 생각하며 그를 무서워하지 않았다.

하루는 오모촌이 첫째 아내에게 말했다.

"더 이상 참을 수가 없구려. 둘째 아내에게 그놈의 활을 잘라 버리라고 말해!"

두 아내는 오모촌이 시키는 대로 했다. 며칠 후 두 형제가 평소처럼 오모촌을 놀리기 시작했다. 오모촌에게 자신들을 활로 쏘라고 시키고 깔깔거리고 웃었다. 오모촌이 첫째의 가슴을 쏘았다. 둘째가 갑작스럽게 벌어진 일에 놀라서 집으로 뛰어갔다. 오모촌의 화살이 둘째의 집 입구 옆에 떨어졌다. 둘째는 오모촌을 쏘려고 자신의 활을 당기려 했으나 활은 두 동강 나 있었다. 그러자 둘째는 달아났다. 오모촌의 화살이 둘째의 등에 꽂혔다. 오모촌은 죽은 형제의 아버지가 있는 천막으로 들어갔다.

"오래전부터 네가 하는 짓이 의심스러워 여러 번 아들들에게 말했지만 내 말을 듣지 않더니 벌을 받는구나! 아비 말을 듣지 않았으니 아들들은 죽어 마땅하다. 아들들 없이 살고 싶지 않으니 나도 죽여라. 반드시 나를 나무에 묶고 눈을 가린 후 죽여라. 나를 죽인 후 심장을 꺼내라. 심장은 세 조각으로 돼 있을 거야. 만일 가운데 조각을 먹으면 너는 내가 젊었을 때처럼 그런 용사가 될 거야. 내 아들들보다 나는 훨씬 강했거든."

오모촌은 노인의 말을 믿지 않았다. 노인을 향해 여러 번 활을 쏘았으나 노인을 맞추지 못했다. 그러자 오모촌은 노인을 나무에 묶고 눈을 가렸다. 그렇게 노인을 죽인 후 심장을 꺼냈다. 진짜로 심장은 세 조각으로 되어 있었다. 오모촌은 노인의 심장을 먹고 싶지 않았다. 오모촌은 두 아내를 데리고 고향으로 떠났다. 고향에서 예전처럼 사냥을 하고 사슴을 치며 살았다. 예벤인들은 아주 예전에 그렇게 살았다.

곰

형과 아우가 살았다. 형제는 결혼을 해서 각각 아이를 하나씩 낳았다. 둘 다 여자아이였다. 하나는 열다섯 살이었고 다른 한 아이는 열네 살이었다. 형과 아우는 아주 훌륭한 사냥꾼이었다. 곰과 산양을 잡아 왔다. 그들에게는 사슴이 있었다.

어느 날 갑자기 늑대들이 싸우는 소리가 밖에서 들렸다. 형은 혹시나 늑대가 가축을 덮치는 것은 아닌가 하고 살펴보러 나갔다. 그러나 늑대는 보이지 않았고 싸우는 소리도 더 이상 들리지 않았다. 늑대들은 이미 달아나고 없었다.

다음 날 형이 아우에게 말했다.

"오늘 밤 사슴 우리에서 망을 보는 것이 좋겠어. 혹시 늑대가 또 올지도 모르니까."

"늑대들은 오지 않을 거야. 이미 멀리 달아났잖아."

가을이었지만 눈이 벌써 내렸다. 아우가 다시 말했다.

"아이들에게 사슴을 돌보라고 하자. 나는 내일 사냥을 갈 거야."

"그래 그러자! 아이들더러 사슴을 돌보라고 하자."

여자아이들이 사슴을 산으로 몰고 갔다. 산꼭대기로 가

서 이리저리 다니며 사슴들을 배불리 먹였다. 사슴들은 배불리 먹은 후 누워서 입을 쩝쩝거렸다. 사슴들이 누워 있는 동안 여자아이들은 노래하고 춤을 추었다. 그때 갑자기 바람이 세차게 불더니 하늘이 컴컴해지고 먹구름이 몰려오기 시작했다.

언니가 동생에게 말했다.

"내려가자. 사슴들을 숲으로 몰아야 해. 아주 추워질 것 같아. 저 구름 좀 봐!"

"언니, 무서워! 여기에서 머무는 편이 낫겠어."

"너 일찍 일어날 수 있어?"

"난 자신이 없으니 언니가 일어나면 바로 나를 깨워."

두 여자아이는 사슴들을 나무에 묶고 잠을 자기 위해 누웠다. 한밤중에 갑자기 굉음 소리가 났다. 두 여자아이는 깜짝 놀라 자리에서 벌떡 일어났다. 사슴들이 달아나고 있었다. 두 여자아이는 사슴을 매어 놓은 나무 쪽으로 갔다. 사슴들은 뽑힌 나무들과 함께 달아났다.

완전히 깜깜해졌다. 큰 먹구름이 몰려왔고 눈이 오기 시작했다. 여자아이들은 사슴들을 따라잡으려고 달렸다. 오랫동안 달렸다. 얼마를 달렸을까 언니가 뒤를 돌아보니 동생이 없었다. 언니는 큰 소리로 동생을 불렀지만 아무 대답도 들리지 않았다. 언니는 계속해서 앞으로 달리기 시작했다. 언니는 달리고 또 달렸다. 너무 오래 달려서 다리가 아파 왔다. 그러자 언니는 큰 걸음으로 걸었다. 눈은 계속 내렸다.

언니는 걷고 또 걸었다. 좀 날이 밝아진 것 같았다. 언니는 뿌리가 뽑힌 채 누워 있는 큰 나무 한 그루를 발견했다. 뿌리 아래에 있는 눈은 녹았다. 언니는 눈이 녹은 곳에 잠시 앉아 날이 밝을 때까지 기다리기로 했다.

날이 완전히 밝자 언니는 주위를 둘러보았다. 낯선 곳에 와 있었다. 길을 잃은 것이 분명했다. 처음 본 장소였다. 낮은 삼나무로 뒤덮인 산이 보였다. 언니는 생각했다.

'저 산에 올라가면 우리 집이 보일지 몰라!'

언니는 가까스로 산 정상에 올랐다. 올라서 바라보는 산 아래는 낯설기만 했다. 집은 보이지 않았다.

'이제 어쩌지? 아마 여기서 죽게 될 거야.'

언니는 산에서 내려왔다. 울면서 중얼거렸다.

"이대로 죽게 될 거야. 이대로 죽게 될 거야!"

눈이 또 왔다. 바람이 불었다. 언니는 능선을 따라 오래 걸었고 완전히 길을 잃었다. 어두워졌다. 언니는 어디로 가야 할지 전혀 판단이 서지 않았다.

'또다시 뿌리 뽑힌 나무를 찾아야 하지 않을까? 죽더라도 나무 아래서 죽는 게 나아.'

눈은 계속해서 내렸다. 언니는 겨우겨우 발걸음을 떼어 놓았다. 두 발이 눈에 푹푹 들어갔다. 갑자기 언니는 눈 속으로 푹 빠졌다. 온기가 느껴졌다. 고개를 숙여 보니 구멍이 있었다. 구멍 속에 무언가 털이 북실북실한 것이 누워 있었다. 가까이 갔다. 곰이었다. 언니가 곰을 바라보았다. 곰은 꼼짝하지 않고 잠을 자고 있었다. 언니는 곰 옆에 나란히 누웠다. 따뜻하고 안락했다. 눈 때문에 젖은 옷이 완전히 다 말랐다. 언니는 배가 고팠다. 거의 죽을 것 같았다. 언니는 생각했다.

'곰이 먹을 것을 주면 참 좋을 텐데.'

여자아이가 그렇게 생각하자마자 곰이 아이 입 쪽으로 발바닥을 내밀었다. 발바닥 위에는 작은 물체가 있었다. 아이는 그것을 빨기 시작했다. 맛있었다. 아이는 배가 불렀고 잠이 왔다. 곰은 자신의 발바닥을 아이의 머리 밑에 놓아 주었다.

얼마를 잤는지 알 수 없었다. 아이는 쨍쨍한 햇빛 때문에 잠에서 깼다. 아이는 굴에서 나와 보고 깜짝 놀랐다. 눈이 다 녹아 있었다.

"어떻게 이런 일이 있담? 내가 겨울 내내 잠을 잤나 봐. 어떻게 가을부터 봄까지 잠을 잤지?"

여자아이는 굴에서 나왔다. 곰이 뒤를 따라 나왔다. 아이는 이제 곰이 무섭지 않았다. 둘은 겨울 내내 함께 잠을 잤으니.

여자아이가 곰에게 물었다.

"도대체 내 집은 어디에 있어?"

곰이 발바닥을 흔들었다. 여자아이는 곰이 가리킨 방향으로 달려갔다. 꼬박 이틀을 걸었고 마침내 부락이 보였다. 사슴들이 보였다. 아이는 그것들이 자신의 사슴인 것을 알고 기뻤다. 더 가까이 가니 집들이 있었다. 아버지와 친척들의 집이었다. 아이는 너무 기뻤다. 식구들이 살아 있었다. 어머니가 보였다. 처음에 어머니는 유령이 온 줄 알고 깜짝 놀랐다. 딸이 살아 있으리라고는 생각하지 않았기 때문이다.

"이게 너란 말이지?"

"네! 엄마! 저예요. 제가 건강히 살아 있어요!"

"어떻게 살았어? 그동안 어디에 있었어?"

딸은 엄마에게 그동안의 일을 다 말했다. 길을 잃은 것, 나무뿌리 아래 숨어 있었던 것, 곰이 먹을 것을 준 것에 대해 이야기했다.

"그런데 아버지는 어디에 계세요?"

"우리는 네가 죽었다고 생각했어. 아버지는 네 뼈를 찾으러 가셨어."

밤이 되었으나 아버지는 아직 돌아오지 않았다. 아이는

잠자리에 들었다. 갑자기 한밤중에 엄마 목소리가 들렸다.

"보세요. 놀라지 마세요! 우리 딸이 돌아왔어요."

아버지는 기뻐서 한걸음에 집으로 들어왔다. 활로 문을 부수고 들어왔다. 아버지는 자는 딸을 이불채 들어 올려 입을 맞추고 껴안았다.

"어디 있었니? 어떻게 지냈어?"

딸은 그동안의 일을 아버지에게 이야기했다.

그들은 예전처럼 그렇게 살기 시작했다.

또다시 봄이 왔다. 어머니가 말했다.

"어째서 배가 불룩하니?"

"저도 이상해요. 걸어 다니기도 아주 힘들고 줄곧 배 속에서 무언가가 움직여요."

얼마 후 딸은 또 사라졌다. 이웃과 친척들이 그녀를 찾아다녔으나 찾을 수 없었다.

하루는 어머니가 물을 길으러 작은 동굴이 있는 가파른 강가로 갔다. 아기 울음소리가 들렸다. 어머니는 동굴 안을 들여다보았다. 안은 깜깜했다. 울음소리는 동굴 안에서 나오고 있었다. 어머니는 생각했다.

'내 딸이 저기 있어. 임신을 하고 있었는데.'

어머니가 소리쳤다.

"딸아! 여기 있니?"

"네, 엄마!"

"여기서 뭐 하고 있니?"

"아기를 낳았어요. 창피해요! 아기가 강아지를 닮았어요. 온통 털로 덮여 있어요. 지금 또 아기를 낳았는데 정상이에요."

"첫째 아기는 어쨌니?"

"아기들을 여기 놓고 갈 거예요. 그래서 여기 동굴에 들어왔어요."

"털이 난 아기를 가져와."

여자아이는 아기를 데려와서 어머니에게 건넸다. 아기는 온몸이 짧은 털로 덮여 있었다.

어머니는 집으로 돌아와서 이웃들과 남편을 불러 말했다.

"딸을 찾았어요! 동굴에서 찾았어요."

사람들이 여자아이를 동굴에서 데리고 왔다. 아이는 창피해서 목숨을 끊으려고 했다.

부모님이 딸에게 말했다.

"슬퍼하지 말거라. 네 아기는 우리가 키울 테니. 아기가 우리에게 행운을 가져다줄 거야."

아버지가 말했다.

"첫째 아기는 도대체 어디에 있니? 네가 아기를 둘 낳았다고 엄마가 그러던데."

그때 어머니가 딸의 첫째 아기를 안고 왔다. 아버지가 보니 아기가 온통 북실북실한 털로 뒤덮여 있었다. 진짜 곰 새끼였다. 아기와 곰 새끼를 씻기고 말리고 젖을 먹였다.

아버지가 말했다.

"곰이 네 목숨을 구했으니 이제 우리가 곰의 자식을 먹여 살려야만 해."

"아버지! 사람들에게 뭐라고 말해요? 내가 곰의 새끼를 낳았다고 해요? 안 돼요! 차라리 죽이는 편이 나아요!"

"안 돼! 딸아! 내가 사람들에게 굴속에서 곰 한 마리를 죽였고 그 새끼를 가져왔다고 말할게."

그렇게 그들은 곰의 새끼를 집에서 키우기로 결정했다. 딸은 사람 아기에게 젖을 먹였고, 아버지와 어머니가 곰의 새끼를 키웠다. 곰의 새끼를 메드베드라고 불렀고 사람 아기는 토르가니라고 불렀다.

그들은 그렇게 살았다. 메드베드는 사슴 젖을 먹었고, 토르가니는 엄마 젖을 먹었다. 사람들이 와서 메드베드에 대해 물으면 아버지가 대답했다.

"내가 굴을 하나 발견했는데 거기에 새끼 곰과 엄마 곰이 있었어. 엄마 곰은 죽이고 새끼 곰만 데려왔어."

어머니는 말했다.

"우리가 곰을 키우고 있어요. 어떻게 자랄지 두고 봅시다."

사람들은 아버지와 어머니의 말을 믿었다.

어머니가 새끼 곰에게 사슴 가죽으로 이불을 만들어 주었다. 겨울 동안 새끼 곰은 자라서 몸이 커졌다. 메드베드는 어머니가 집안일 하는 것을 도와주었다. 땔감을 이빨로 물어 집 안으로 옮겨 주었다.

여름이 되자 메드베드는 열매를 먹으러 자주 산으로 가곤 했다. 저녁에 갔다가 아침 일찍 돌아오곤 했다. 메드베드는 고기를 먹지 않았다. 메드베드는 돌을 들어내서 그 아래 있는 개미와 다람쥐를 잡아먹었다. 토르가니는 메드베드와 놀았다. 메드베드는 항상 싸움에서 토르가니를 이겼다. 엄마는 토르가니를 항상 보호했고 메드베드를 막대기로 쫓아내곤 했다.

아버지가 딸에게 말했다.

"메드베드를 때리지 말거라. 메드베드는 토르가니의 형이고 토르가니에게 해를 입히지 않아."

딸이 메드베드를 지팡이로 쫓아낼 때 메드베드는 맞서지 않고 달아났다. 그 후 메드베드는 집에 아주 들어오지 않았다.

어머니와 아버지가 딸에게 말했다.

"메드베드를 때리지 말거라!"

그러나 딸은 부모의 말을 듣지 않았다.

메드베드는 숲으로 떠나 이틀 동안 집에 돌아오지 않았다. 그런 일이 되풀이되었다. 어떨 때는 숲으로 떠났다가 열흘 후에 돌아왔다. 어떨 때는 한 달 내내 돌아오지 않았다.

어느 날 메드베드가 집에 왔는데 집 입구가 너무 좁았다. 메드베드는 그렇게 몸이 커졌고 살이 쪘다. 머리도 거대해지고 이빨과 발톱이 크게 자랐다. 메드베드가 할머니에게 다가와서 마치 개가 주인에게 하듯 할머니의 손과 발을 핥았다. 그러고 나서 할아버지에게 다가가서 똑같은 행동을 했다. 할아버지는 메드베드의 머리를 쓰다듬고 나서 할머니에게 말했다.

"우리 곁을 완전히 떠나려고 우리에게 작별 인사를 하려고 왔나 봐."

메드베드는 집을 떠났다. 할아버지와 할머니는 토르가니와 함께 메드베드를 배웅했다. 메드베드는 산 위로 올라갔다. 토르가니가 소리쳤다.

"메드베드! 완전히 떠나는 거니? 우리는 다시 만나게 될 거야! 언젠가 내가 너를 죽일 거야!"

그 말을 들은 메드베드는 앞발을 들고 포효했고 나뭇가지를 부러뜨리기 시작했다. 그때 할아버지가 손자에게 말했다.

"무슨 짓이니? 어째서 메드베드를 화나게 하는 거니?"

"할아버지! 제가 어른이 되면 메드베드와 반드시 싸울 거예요!"

"무슨 말이니, 토르가니? 공연한 말 하지 마! 봐! 저렇게 거대한 이빨과 발톱을 가진 메드베드와 어떻게 싸운단 말이니?"

할아버지와 할머니는 손자를 집으로 쫓았다. 토르가니는 엄마에게 달려가 불평했다.

"엄마! 할머니는 내가 메드베드를 이길 수 없다고 말하세요. 메드베드에게는 거대한 이빨과 발톱이 있는데 무슨 소리냐고? 어떻게 내가 메드베드와 싸우냐고 하세요."

엄마가 아들을 달랬다.

"아들아! 네가 자라서 어른이 되면 메드베드와 싸우도록 해."

"알았어요."

"할아버지와 할머니에게 절대 말하면 안 돼. 할아버지와 할머니가 모르도록 해야 해. 아시면 너를 혼내실 거야."

메드베드는 더 이상 집에 오지 않았다. 완전히 사라져 버렸다. 할아버지와 할머니는 더 늙게 돼서 이제는 어린아이 같아졌다. 한편 토르가니는 힘세고 용감한 남자로 성장했다.

토르가니는 메드베드를 찾아다녔으나 좀처럼 만날 수 없

었다. 눈이 완전히 녹은 어느 봄날, 토르가니는 산에서 아주 큰 곰을 보았다. 토르가니가 좀 더 가까이 다가가려고 했으나 곰은 숲으로 달아나 버렸다. 숲은 너무 울창해서 곰이 어디에 있는지 찾을 수 없었다. 토르가니는 곰이 서 있던 곳으로 다가갔다. 주위에는 먹다 남은 호두가 있었다. 삼나무 숲에서 토르가니는 오솔길을 발견했다. 토르가니는 오솔길을 따라 걸었다. 조금 걸으니 물어뜯기고 긁힌 나무들이 보였다. 그는 곰이 갉아먹은 나무를 손으로 잡으려 했으나 불가능했다. 아주 큰 곰이 한 짓이 분명했다.

토르가니는 날카로운 돌을 발견하고 나무가 있는 곳으로 가서 돌로 나무를 쳤다. 나무가 넘어졌다. 토르가니는 나무가 넘어지자 주문을 외우기 시작했다.

"네가 나를 무서워하는구나! 나에게서 도망치지 마! 너도 강하고 나도 강해! 누가 강한지 내기하자! 싸워 보자! 너보다 힘센 사람이 아무도 없다고 생각하는구나! 이리 와! 보다시피 내가 너를 이길 수 있어. 너는 네발로 다니고 나는 두 발로 다녀. 와! 만일 오지 않으면 너를 겁쟁이라고 생각하겠어. 그리고 사람들에게 네가 나를 무서워한다고 말할 거야."

토르가니는 그렇게 말한 후 집으로 가서 잠자리에 들었다.

어머니가 물었다.

"어디 아프니? 왜 오자마자 자리에 누웠어?"

"아니에요. 아프지 않아요. 제가 오늘 곰을 봤어요. 아주 큰 곰이었어요. 오솔길에서 그의 발자국을 발견하고 나도 강하고 너도 강하니 결투하자고 주문을 걸었어요. 지금 그것에 대해 생각하는 중이에요. 내일 아침 우리는 싸우게 될 거예요. 곰이 저를 죽일 수도 있고 제가 곰을 죽일 수도 있어요. 어머니! 아마도 저를 더 이상 보지 못할 수도 있어요."

토르가니는 아침에 일어나 옷을 입고 떠날 채비를 했다.

갑자기 어머니가 혼잣말을 했다.

"이리로 가까이 오렴. 입을 맞추게. 더 이상 보지 못할 수도 있으니까."

어머니는 아주 조용히 그렇게 말하고 나서 생각했다.

'만일 토르가니가 이 소리를 들으면 죽을 것이고 만일 듣지 못하면 살아남을 거야.'

토르가니는 아무것도 듣지 못한 채 어머니에게 다가오지 않고 떠났다.

토르가니는 떠나기 전에 어머니에게 말했다.

"어머니, 기다리세요! 사흘 후에 돌아올게요. 만일 사흘이 지나도 돌아오지 않으면 곰이 이긴 거예요."

용감한 토르가니는 산에 도착해서 오솔길을 따라 걸어갔다. 오솔길을 따라서 잘린 나무가 놓여 있는 곳으로 갔다. 거기에는 거대한 곰이 누워 있었다. 곰은 누워서 이를 갈고 있었다. 토르가니는 무서워졌다.

토르가니가 곰에게 말했다.

"우리는 한 어머니에게서 태어났어. 너도 내가 하는 말을 알아들어야만 해. 들어!"

곰은 화가 났다. 발톱을 세웠고 털이 곤두섰다.

토르가니가 계속했다.

"나에게는 발톱이 없어. 내 손을 봐!"

토르가니는 자신의 손을 곰에게 보여 주었다. 자신의 입을 벌려 곰에게 있는 날카로운 송곳니가 없다는 것을 보여 주었다.

"봐. 나에게는 너 같은 발톱이 없어. 나는 너와는 완전히 다르게 생겼어. 그러나 내가 너보다 더 강하다고 생각해."

곰은 몹시 화가 났다. 토르가니는 계속했다.

"우리 서로 겨루자. 그러나 너는 발톱으로 나를 할퀴면 안 돼."

곰이 벌떡 일어났고 토르가니는 곰에게 서서히 다가갔다. 곰이 토르가니 바로 옆에 서서 공격하기 위해 목을 당기듯이 머리를 숙였다. 토르가니는 곰의 발을 걸었다.

"네가 먼저 공격해. 그러나 발톱을 쓰면 안 돼."

곰은 옆으로 서서 발톱을 숨겼다. 깊이 숨을 들이쉬고 굉음을 지르며 토르가니의 가슴을 가격했다. 토르가니는 5미터 정도 떨어진 곳에 나가떨어졌다. 아주 센 한 방이었다. 토르가니는 다시 일어나 말했다.

"이제 내가 때릴 차례다!"

토르가니는 달리며 곰의 가슴을 때렸다. 곰이 비틀거렸다.

"다시 한 번 더 때릴 거다. 준비해!"

토르가니가 곰의 가슴을 때렸다. 곰은 고통으로 몸을 웅크렸고 굉음을 지르며 토르가니의 넓적다리를 때렸다. 곰은 토르가니를 발톱으로 할퀴고 피부를 찢었다. 그리고 다시 이빨로 물었다. 그러자 토르가니는 손으로 곰의 턱을 잡았다. 곰이 토르가니의 손을 물어뜯어 손가락 세 개를 잘라 버렸다.

"메드베드! 비겁하게 행동하지 마. 내가 그렇게 얘기했는데 나를 발톱으로 공격하다니."

곰이 멈추었다.

"나에게는 그런 발톱과 날카로운 송곳니가 없어. 기다려. 발톱을 대신할 수 있는 것을 아무거나 찾아볼 테야."

토르가니는 곰에게서 떨어져서 땅에서 무언가를 찾기 시작했다. 검고 날카로운 돌을 발견하고 그 돌을 갈기 시작했다. 곰이 가만히 서서 그 모습을 지켜보았다. 토르가니는 곰이 그를 이해했다고 여겼다.

돌을 다 간 후 토르가니가 말했다.

"나에게는 이제 손가락 세 개가 없어. 넓적다리는 망가졌어. 살점이 다 떨어져 나갔어. 나에게도 무엇이든 무기가 필요해. 이제 너를 공격할 수 있어! 네 몸에 하나의 상처도 입히지 않았어. 내가 먼저 공격하도록 해 줘."

메드베드는 슬퍼졌다. 토르가니가 그를 죽일 수도 있다고 여겼다. 토르가니는 날카로운 돌로 번개같이 달려들어 메드베드의 심장을 찔렀다. 메드베드는 전율하며 머리를 떨구었다. 입에서는 핏줄기가 흘렀다. 메드베드는 자빠지며 말했다.

"토르가니, 네가 이겼다! 나를 묻어 줘. 이제 곰은 아주 많아질 거고 사람들은 곰을 사냥하게 될 거야. 장례를 치른 후 우르카차크[3] 날을 만들어. 사람들을 모아서 내 내장을 먹게 해. 사람들을 다 불러. 누구도 빠뜨리지 말고 다 불러. 내 어머니는 인간이야. 그러니까 내 머리와 눈, 심장을 여자한테는 먹게 해서는 안 돼. 어떤 여자가 자기 아이를 먹고 싶어 하겠어? 내 머리를 잘 장례 치러 줘. 나무에 잘 매달아 줘. 뼈를 같이 단 위에 놓아 줘. 나뭇가지나 다른 것으로 안경을 만들어서 눈 위에 얹어 줘. 나뭇가지를 예쁘게 잘라. 머리

---

3) 우르카차크 : 사냥한 곰의 고기를 먹는 예벤인의 축제.

가죽을 벗기고 눈이 있는 구멍에 나무젓가락을 놓아. 더 이상 곰이 이빨로 사람을 건드리지 않게 될 거야."

메드베드는 죽었다. 토르가니가 날카로운 돌로 가죽을 벗기고 내장을 꺼냈다. 그리고 집으로 갔다.

"어머니! 제가 메드베드를 죽였어요!"

"죽은 메드베드를 어떻게 할 거니?"

"먹어야지요. 우르카차크를 열어야지요."

"그래. 열자꾸나!"

다음 날 토르가니는 두 번에 걸쳐 곰의 고기와 가죽을 끌고 왔다. 메드베드의 머리는 메드베드 자신이 말한 대로 처리했다. 내장과 고기는 전부 다 삶았다. 토르가니는 이웃 사람들을 다 불렀다. 사람들이 많이 왔다. 토르가니는 손님들 앞에 고기가 들어 있는 솥을 놓았다. 손님들은 솥을 들여다보고 무서워서 먹지 않았다. 여자들은 겁에 질려 달아났다. 그러자 토르가니는 노래를 부르기 시작했다. 여자들이 다시 돌아왔다. 토르가니가 솥에서 고기를 꺼내 먹기 시작했다. 손님들도 따라 했다. 그렇게 사흘이 지났다.

사람들은 토르가니의 어머니에게도 고기를 권했다. 그러나 어머니는 거절했다. 어머니는 한 점도 목으로 넘길 수 없었다. 다른 여자 손님들도 역시 곰 고기를 거절했다.

나흘째 되는 날 메드베드의 뼈를 묻어 주었다. 토르가니는 다시 노래하기 시작했다.

이제 항상 굴로, 굴로, 굴로
이제 항상 젊은이들은 굴로, 굴로, 굴로
토르가니의 관습대로
굴로, 굴로, 굴로
곰 고기를 먹어
굴로, 굴로, 굴로.
항상 곰을 죽여
굴로, 굴로, 굴로
자신의 삶을 한탄하지 마.
굴로, 굴로, 굴로.
곰은 아주 맛있고 기름져
굴로, 굴로, 굴로.

지금까지 사람들은 곰 사냥을 하고 곰 축일을 열곤 한다.

움체니와 우인댜

움체니란 이름의 청년이 살았다. 그에게는 우인댜라는 동생이 있었다. 형제는 부자 베예그디 집에서 일했다. 베예그디에게는 사슴이 아주 많았다. 베예그디는 결혼을 하지 않았다. 움체니는 베예그디의 사슴을 돌봤고 우인댜는 장작과 물을 가져오고 음식을 하는 등 집안일을 했다. 우인댜의 두 손은 화상에 상처투성이였다. 베예그디가 항상 우인댜에게 끓는 솥에서 맨손으로 고기를 꺼내라고 시켰기 때문이다. 우인댜는 멍청하게도 시키는 대로 그렇게 했다.

하루는 부자 베예그디가 집에 없을 때 움체니가 동생에게 말했다.

"우인댜, 무엇 때문에 우리가 이렇게 고생을 해야 하니? 밤낮으로 사슴을 돌보는 건 난데 나는 너덜너덜한 옷을 입어야 하고 항상 배가 고파. 너는 항상 주인을 위해 음식을 만들지만 항상 굶주려 있고 손은 상처투성이야. 주인은 우리에게 먹을 것을 주지 않아. 주인만 좋은 음식을 먹고 우리에겐 먹다 버린 음식만 줘. 어떻게 해야 사람답게 살지?"

"형, 나는 아무 생각이 떠오르지 않아. 형이 잘 생각해 봐."

어느 날 사슴을 치고 돌아온 형이 동생에게 말했다.

"내가 사슴을 치다가 냄새도 좋고 맛도 좋은 아주 특별한 풀을 발견했어. 사슴들이 그 풀을 먹으니까 살이 찌는 거야."

우인다가 부탁했다.

"그 풀을 나에게도 가져다줘."

"그래. 가져다줄게."

움체니는 작은 호수를 따라 풀을 먹고 있는 사슴들에게 다가갔다. 호숫가에 파가 자라고 있었다. 움체니는 파 두 줄기를 뽑아서 동생에게 가져갔다.

"자! 먹어 봐!"

우인다는 파 맛을 보았다.

"너무 맛있어. 너무 좋은 풀이야! 형! 어디서 이걸 찾았어?"

"어떤 할아버지가 주었어."

"그 할아버지가 어디에 있어? 알려 줘! 그 사람에게 또 풀을 달라고 할 거야."

"그 풀이 마음에 들면 내가 부탁해 볼게."

다음 날 움체니는 다시 파를 가져와서 동생에게 말했다.

"이 파를 고기와 함께 삶아서 베예그디에게 줘. 음식이 마음에 들면 베예그디가 어디에서 났냐고 물을 거야. 그러면 우리 형이 착하고 돈이 많은 한 주인을 만났다고 말해. 형이 어떤 부탁을 해도 그 주인이 다 들어주는데, 이 파도 그 주인이 준 거라고 말해."

움체니는 사슴에게 돌아갔다. 우인다는 고기에 파를 넣어 끓였다. 베예그디가 집으로 돌아왔다. 아직 집 안으로 들어서기도 전에 뭔가 특별한 냄새가 났다.

"우인다! 이게 무슨 냄새니?"

"움체니가 맛있는 풀을 가져와서 고기와 함께 끓이라고 했어요."

"어디서 난 풀이래?"

"형이 새 주인을 찾았는데 아주 부자래요. 사슴이 아주 많대요."

베예그디는 풀을 넣고 같이 삶은 고기를 맛보았다. 아주 마음에 들었다.

다음 날 베예그디는 사슴에게 풀을 먹이고 돌아온 움체니에게 물었다.

"움체니! 어디서 그렇게 맛있는 풀을 찾았니?"

"아주 부유한 한 주인을 만났는데 무엇이든 제 부탁을 다 들어주세요."

"그 주인에게 부탁해서 풀을 더 많이 달라고 해. 그 풀이 아주 마음에 들어."

"네. 부탁할게요. 그런데 한 가지 도와주셔야 해요. 주인님은 호수에 사세요. 저와 함께 호수로 가세요. 호수에 도착하면 저를 허리띠로 묶어서 호숫가에 놔두셔야 해요. 만일 그렇게 하지 않으면 주인님이 풀을 주지 않을 거예요."

"뭐라고? 도대체 사람이 어떻게 호수에 살 수 있단 말이니? 거짓말하지 마!"

"아니에요. 거짓말이 아니에요! 호수에 같이 가서 보세요!"

두 사람은 호수로 갔다. 움체니는 호주머니에 양파 두 개를 숨겼다. 두 사람은 호수에 도착해서 호수 가장자리로 다가갔다. 호수는 잔잔했고 마치 거울처럼 투명했다. 두 사람이 다가가자마자 호수 위에 그림자 두 개가 나타났다.

움체니는 호수에 비친 모습을 가리켰다.

"제 주인님들이 보이시죠?"

베예그디는 움체니의 말을 믿었다. 자신과 움체니의 잔영을 호수에 사는 사람들의 모습이라고 착각했다. 호숫가에서 사슴들이 풀을 뜯고 있었다. 그것이 호수에 비쳤다. 움체니가 말했다.

"보세요. 그가 가진 사슴이 얼마나 많은지!"

움체니는 베예그디가 보지 않도록 조심스럽게 풀을 잡고 손을 흔들기 시작했다.

"보세요. 보세요. 호수의 주인이 제게 이 풀을 주고 싶어 하세요."

베예그디는 무척 놀랐다.

"네 말이 맞구나. 진짜 호수에 부자가 사는구나. 그 사람이 사라지기 전에 풀을 달라고 부탁해."

"그렇게 할게요. 그러나 그는 제 말을 이해하지 못해요. 만일 제가 허리띠로 묶여 있다면 풀을 줄 거예요. 가서 튼튼한 끈을 가지고 와서 저를 묶으세요!"

베예그디는 집으로 가서 튼튼한 끈을 가지고 왔다.

"이제 저를 묶으세요. 저를 호수 바로 근처에 놓으세요. 당신이 원하는 만큼 풀을 달라고 부탁할게요."

베예그디는 움체니를 묶어서 호숫가에 아침까지 놔두었다.

아침이 되자 베예그디는 호수로 가서 움체니에게 물었다.

"어때? 호수의 주인이 너에게 풀을 주었니?"

"주인님이 말하기를 밤사이에 호수 근처에 풀이 엄청 많이 자랐대요. 저를 풀어 주세요. 같이 보러 가요!"

베예그디는 움체니를 풀어 주었다. 그러자 움체니는 야생 파 뿌리를 발견했던 장소로 베예그디를 데리고 갔다.

"이게 바로 제가 주인님에게 부탁한 그 풀이에요."

"움체니! 넌 참 좋은 애구나! 이제 호수 주인에게 사슴들과 무엇이든 다른 것을 또 달라고 부탁하자."

"그렇게 해요. 좀 있다 부탁해요."

두 사람은 집으로 돌아왔다. 베예그디는 움체니를 잘 대해 주었다. 때리지도 않고 사슴 고기와 내장을 주었다.

어느 날 움체니가 베예그디에게 말했다.

"이제 호수 주인에게 무엇이든 부탁해도 돼요. 주인님이 호수 주인에게 가서 사슴과 예쁜 아내가 필요하다고 부탁하세요."

"내가 어떻게 부탁해야 하지?"

"제가 했던 것처럼 하세요. 호수로 가세요. 제가 허리띠로 주인님을 묶어 드릴게요."

베예그디는 그러자고 했다. 두 사람은 호숫가에 왔다. 움체니가 허리띠로 아주 단단하게 베예그디를 묶은 후 말했다.

"자! 이제 호수로 들어가세요!"

움체니는 베예그디를 물로 밀었다. 베예그디는 물에 빠졌다. 움체니와 동생 우인다는 베예그디의 재산과 사슴을 모두 가지게 되었다.

오로치인과 코랴크인의 옛 생활에 관한 이야기

옛날에 오로치인[4]과 코랴크인[5]은 서로 사이가 좋지 않았고 항상 전쟁을 했다. 당시에 큰 전쟁이 일어났다. 지금도 오호츠크 해안을 따라가다 보면 나무 활과 화살들, 사람들의 뼈를 발견할 수 있다.

전쟁에 대해 다음과 같은 이야기가 전해져 오고 있다.

코랴크인은 해안가의 코니반도와 오야리강 주위에 살았다. 그들은 움막에서 유목 생활을 했다. 그들에게는 사슴이 없었다. 대신 이동 수단으로 사용되는 잘 훈련된 개들이 있었다. 그들은 정착 생활을 했다. 맹수보다는 바다짐승을 사냥했다. 그리고 자주 오로치인과 싸웠다.

코랴크인은 고래 뼈나 돌로 만든 장식을 단 화살과 활을 가지고 있었다. 오로치인은 이미 철로 만든 화살촉과 팔마,[6] 창을 가지고 있었다. 오로치인은 남자만 죽이고 여자

---

4) 오로치인 : 캄차카반도의 마가단 지방에 사는 소수의 예벤인들이 자신을 부르는 명칭.

5) 코랴크인 : 고아시아족 중 하나로 예벤족과 가장 가까이 이웃하는 소수민족.

와 아이들은 포로로 끌고 갔다. 부모를 잃은 아이들을 키우기도 했다.

오로치인은 가죽으로 만든 옷을 입었다. 코랴크인은 평상복 이외에 고래 뼈로 만든 갑옷을 입었다. 그 옷은 화살로부터 가슴을 보호해 주었다.

코랴크인은 오로치인을 갑자기 공격하지 않았다. 그들은 산꼭대기나 언덕 등에 앉아서 하루 종일 오로치인을 주시하다가 어두워지면 천막의 굴뚝 위 긴 나무 막대에 허리띠를 묶어 여러 방향으로 당기곤 했다. 천막이 무너지면 그들은 천막 안에 있는 사람들을 죽였다. 여자들과 아이들, 노인들도 다 죽이곤 했다. 개만 살려 두었다. 오로치인들의 재산과 사슴은 다 가져갔다. 이것이 가장 일반적인 코랴크인들의 공격 방식이었다.

오로치인은 유목 생활을 했다. 사슴 가죽으로 만든 천막에서 살았다. 더 많은 사냥감을 얻기 위해 오호츠크 해안까지 와서 정착하게 되었다.

어느 날 오로치인들은 강 하구에 멈췄다. 한 오로치인이 강을 둘러보았다. 물속에 물고기가 아주 많았다. 그는 참지 못하고 소리쳤다.

---

6) 팔마 : 긴 나무 막대 끝에 달린 칼.

"올라! 올라!"

그때부터 그 강은 '물고기 강'이란 뜻의 올라강[7]이 되었다.

오로치인들은 물고기를 잡기 시작했다. 5일 동안을 풀어 놓은 자신들의 사슴이 있는 곳에 가지 않았다. 6일째 되는 날 물고기를 충분히 잡은 후 살펴보니, 사슴이 한 마리도 없었다. 그렇게 그들은 자신들의 사슴을 다 잃고 올라강 가에 정착하게 되었다.

일부 다른 오로치인들은 숲을 따라 유목 생활을 했는데 뉴람니인[8]들을 만났다. 두 종족 간에 싸움이 시작되었다. 많은 오로치인과 뉴람니인이 죽었다. 오로치인들은 뉴람니인이 누구고 어디에서 온지 몰랐다. 뉴람니인들은 아무도 몰래 다가가 오로치인들을 죽였다. 가끔 소리도 없이 다가가서 자고 있는 오로치인들의 활과 화살을 가져가기도 했다. 오로치인들은 살기가 너무 힘들어서 바닷가로 떠났다. 바닷가로 온 오로치인들은 또 낯선 종족을 만났고 그들을

---

7) 올라강 : '올라'는 예벤어로 물고기를 뜻한다. 올라강은 극동의 마가단 지방을 흐르는 강이다.

8) 뉴람니인 : 예벤키의 여러 성씨 중 하나로 전설에 따르면 사람을 먹는다고 한다.

뉴람니인이라 생각했는데 그들은 코랴크인이었다.

코랴크인 역시 오로치인이 무섭고 두려웠다. 오로치인들이 물고기와 짐승이 많은 자신들의 영역을 차지할 것이라고 여겼다. 코랴크인들은 절대 양보하지 않기로 했다. 코랴크인들은 남길만(灣)의 나르가반과 그 이외 다른 곳에 모였다. 오로치인과 담판을 짓기로 결심하고 그 사실을 오로치인들에게 통보했다. 코랴크인들은 얍스크에 큰 움막을 만들고 오로치인들을 불러 음식을 대접하기로 했다. 많은 오로치인들이 움막에 모였다. 주로 힘세고 용감한 사람들이 왔다. 오로치인들은 아무 의심도 하지 않고 음식을 먹기 시작했다. 그때 코랴크인이 그들을 덮쳤다. 코랴크인들은 그곳에서 무기를 가지고 있지 않은 오로치인들을 죽였다. 딱 한 명의 오로치인이 굴뚝을 넘어 도망쳤다. 그 일이 있은 후 오로치인들은 코랴크인들을 죽이기로 결심했다. 오로치인들은 초가찬과 히드무찬[9]의 지휘 아래 나르가반으로 가서 코랴크인들을 찾아내 해안으로 몰고 갔다. 오로치인의 계략으로 위험에 빠진 코랴크인들은 마지막 화살까지 다 쏘았다. 코랴크인들에게는 그렇게 하는 것이 율법이었다. 위험에 빠지면 적의 포로가 되지 않기 위해 마지막 화살로 서로를 죽

---

9) 예벤 전설에 등장하는 용맹스러운 용사들이다.

였다. 그들은 이번에도 그렇게 모두 전투에서 죽었다.

오로치인들은 계속 남길만으로 갔다. 아주 이른 아침 먼동이 트기 시작할 때 남길만에 도착했다. 오로치인들은 아무도 눈치채지 못하게 가까이 갔다. 교전이 시작되었다. 그때 히드무찬이 초가찬에게 말했다.

"지금 화살을 쏘지 말자. 화살이 곧 떨어질 거야. 우리가 달아나 화살을 덜 쏘는 게 낫겠어. 그러면 놈들이 우리를 잡으려고 화살을 더 맹렬히 쏘게 될 거고 곧 화살이 떨어질 거야. 그때 우리가 놈들을 공격해서 다 죽여 버리자."

오로치인들은 화살을 쏘며 달아났다. 정말로 코랴크인들은 화살을 더 많이 쏘아 댔고 그들의 화살은 곧 바닥났다. 오로치인들은 도망가는 코랴크인들을 화살을 쏘며 추격해 죽였다. 코랴크인은 한 명도 살아서 도망갈 수 없었다. 오로치인들은 코랴크인들을 죽였고 숨은 코랴크인들도 다 찾아내 죽였다.

어느 날 바닷가에서 오로치인들은 두 사람을 발견했다. 한 사람은 노인이었고 다른 한 사람은 아주 젊었다. 아버지와 아들 같았다. 노인은 자신의 이름이 카댜크라고 말했다. 오로치인들은 카댜크와 그의 아들을 포로로 데려갔다.

카댜크와 그의 아들은 수년 동안 오로치인들과 함께 살았다. 두 사람은 오로치어를 배워서 말을 잘했다. 코랴크인과 오로치인은 전쟁을 계속했고 서로를 죽였으나 오로치인들은 살아남은 코랴크인들이 어디에 숨어 있는지 알 수 없었다.

어느 날 카댜크와 그의 아들이 사라졌다. 오로치인들은 오랫동안 두 사람을 찾았으나 허사였다. 그때에는 정착 생활을 하는 오로치인이 더 많았다. 메넨댜라는 이름의 족장이 있었다. 그는 바다짐승 사냥을 잘했다.

한번은 메넨댜가 사람들을 모아 배를 타고 바다표범을 잡으러 갔다. 여자들은 열매를 따려고 집에 남았다. 3일 후 사냥을 갔던 사람들이 집으로 돌아오고 있었다. 수많은 까마귀 떼가 빙빙 돌고 있었다. 집을 향해 가까이 왔다. 바닷가에 한 여자가 서 있었다. 사람들은 마중하러 나온 여자라고 생각했다. 사람들이 배에서 내렸다. 메넨댜가 다가가서 보니 자신의 아내였다. 아내는 살해당했다. 배가 갈린 채 양팔에 죽은 아기를 안고 있었다. 메넨댜는 아내 곁에 잠시 서 있다가 겨우 발걸음을 옮겼다. 주위에 여자들이 누워 있었다. 살해됐거나 심한 상처를 입었다. 눈이 찔렸거나 손발이 잘렸거나 배가 갈렸다. 메넨댜는 부상을 입은 여인들 사이를 다니다가 한 죽어 가는 여인 앞에 멈추어서 물었다.

"누가 이런 짓을 했어?"

"카댜크의 아들이 그랬어요."

여인은 겨우 그 말만 하고 숨을 거두었다.

"카댜크의 심장을 씹어 먹을 테다!"

메넨댜가 목청이 터져라 소리를 질렀다.

다음 날 가장 용감하고 힘센 용사 세 명이 카댜크를 찾으러 출발했다. 얼마 후 그들은 아타르간에서 멀지 않은 곳에서 동굴을 발견했다. 세 용사는 동굴 주위를 에워쌌다. 카댜크와 그의 아들은 동굴 속에 숨어 있었다. 카댜크가 아들에게 말했다.

"나는 늙었고 어차피 죽을 거다. 그러나 너는 살아야만 해. 내 등에 업혀. 내가 동굴 밖으로 뛰쳐나가면 그들이 창을 던질 거야. 그러면 등에서 뛰어내려 재빨리 달아나."

카댜크의 아들은 아버지 등에 업혀 몸을 웅크렸다. 아버지가 동굴에서 뛰쳐나갔다. 창이 아버지를 향해 날아오기 시작하자 아들은 아버지의 등에서 뛰어내려 바닷가로 달렸다. 오로치 용사 셋이 카댜크의 아들을 발견하고 추격했다. 그들은 오랫동안 달렸다. 두 용사는 힘이 부쳐 점점 뒤처졌고, 한 용사만이 그를 계속 추격했다. 마침내 한 용사가 그를 거의 잡을 수 있을 정도로 바싹 다가갔을 때, 다시 그는 강 반대편으로 뛰었다. 용사는 카댜크의 아들을 놓쳤다고 생각하고 카댜크를 향해 칼을 던졌다. 그러나 칼은 빗나갔다. 칼이 땅에 떨어지자마자 카댜크의 아들이 칼을 집어 용사에게 던졌다. 용사는 오던 길로 다시 달아났다. 달아나다가 뒤를 돌아보니 카댜크의 아들이 쫓아오고 있지 않았다. 용사는 멈추어서 숨을 돌렸다.

'어떡하지? 사람들이 나를 용감하다고 생각하는데 내가 카댜크의 아들을 놓쳤으니! 집에 돌아가서 뭐라고 말하지?'

용사는 주먹으로 자신의 코를 때렸다. 코에서 피가 흘러나왔다. 용사는 그 피를 자신의 손과 소매에 묻히고 나서 집으로 출발했다.

집에 오니 메넨댜가 물었다.

"카댜크를 죽였느냐?"

"당연하죠. 죽인 다음에 기념으로 그에게 칼을 꽂아 두고 왔어요! 제 피 묻은 손을 보세요. 이래도 믿지 못하시겠어요?"

메넨다는 그의 말을 믿었다.

코랴크인은 여전히 오로치인을 죽였다. 도둑질을 하고 오로치인들의 사슴을 끌고 갔다. 오로치인은 코랴크인이 어디에 숨어 있는지 도무지 알 수 없었다.

어느 날 두 처녀가 올라강 근처로 호두를 따러 갔다. 두 처녀가 호두를 따고 있는데 한 키 큰 남자가 다가와서 물었다.

"나를 아니?"

"아니요. 몰라요!"

"나는 카댜크의 아들이다."

낯선 남자는 동물 장식의 칼을 처녀들에게 보여 주었다.

"이 예쁜 칼을 한 용감한 오로치인에게서 선사받았어. 가서 내가 말한 모든 것을 메넨댜에게 전해."

처녀들은 바로 집으로 뛰어갔다. 처녀들은 메넨댜에게 가서 자신이 들은 대로 말했다. 메넨댜는 불같이 화를 냈다. 메넨댜는 자신을 속인 오로치 용사를 죽인 다음 남자들을 다 불러 모아 카댜크의 아들이 조롱하고 갔다고 말했다. 메넨댜는 카댜크의 아들을 찾으러 세 용사를 보내기로 했다. 히드무찬, 초가찬, 메넨댜가 출발했다. 여자 샤먼 훈만이 세 용사와 함께 출발했다.

그들은 쉬지 않고 갔다. 하루에 40~50킬로미터를 쉬지 않고 간 후 휴식을 취하곤 했다. 그들은 아주 많이 걸었다. 매일 저녁 훈만은 무언가를 마시며 굿을 했다. 그녀는 카댜크의 아들을 찾는 데 도움이 되었다. 그들은 걷고 또 걸어 마침내 큰 산 근처에서 달아나는 카댜크의 아들을 발견했다. 카댜크의 아들은 양의 등에 타고 다른 양을 뒤쫓고 있었다. 개가 양을 따라가서 잡으면 양에게 화살을 쏘았다. 카댜크의 아들이 하룻밤을 나려고 모닥불을 피웠다. 세 용사는 카댜크의 아들을 주시하다가 가만히 다가갔다. 히드무찬이 제일 먼저 카댜크의 아들 쪽으로 기어갔다. 그는 개의 목을 자르고 카댜크의 아들의 활줄을 끊고 화살촉을 부러뜨렸다. 카댜크의 아들은 아무것도 모른 채 잠들어 있었다. 히드무찬이 동료 용사들을 불렀다. 용사들은 자고 있는 카댜크의 아들에게 다가갔다. 메넨댜가 카댜크의 아들의 팔을 잡자 그는 벌떡 일어났다.

"좀 살살해. 부러지겠어."

메넨댜는 자신의 손을 좀 풀고 카댜크의 아들을 마을로 데려왔다. 오로치인들은 코랴크인들이 어디에 숨어 있냐고 카댜크의 아들에게 물었다.

"차라리 죽여라. 아무 말도 하지 않을 거다!"

오로치인들은 카댜크의 아들에게 술을 먹였다. 술에 취한 카댜크의 아들에게 코랴크인들이 어디에 숨어 있냐고 다시 물었다. 카댜크의 아들은 모든 것을 다 털어놓았다. 메넨댜가 물었다.

"진짜 네가 카댜크의 아들이냐?"

"그렇다!"

메넨댜가 다시 물었다.

"네 아버지가 내 아내를 죽였냐?"

"그렇다!"

메넨댜는 카댜크의 아들의 옆구리를 창으로 찔렀다. 그가 쓰러지자 메넨댜는 그의 심장을 꺼내 먹었다.

오로치인들은 카댜크의 아들이 말한 길을 따라갔다. 한 섬에 다다랐다. 또다시 히드무찬을 보냈다. 히드무찬은 섬으로 몰래 들어갔다. 섬 근처에는 돌담이 쌓여 있었다. 그는 돌 옆을 따라 걸었다. 행여 돌 하나에라도 걸릴까 조심하며 걸었다. 바다로 가까이 오자 개 두 마리가 자고 있었다. 히드무찬은 개를 죽이고 계속 앞으로 갔다. 두 남자가 자고 있었다. 히드무찬은 두 남자 역시 죽이고 해안가로 가까이 가 동료들에게 오라는 신호를 보냈다. 용사들은 배를 타고 섬을 건너 숨어 들어갔다.

용사들이 몸을 숨기자마자 한 코랴크 남자가 나무로 올라가서 용사들이 숨은 쪽을 보기 시작했다. 남자는 오랫동안 지켜보았다. 조금 후 다른 코랴크 남자 두 명이 그 나무로 올라가서 역시 오랫동안 지켜보다가 내려가 움막으로 들어갔다.

얼마 후 움막 안에서 수많은 코랴크인이 뛰쳐나왔다. 그 방향으로 화살이 눈 오듯 쏟아졌다.

히드무찬이 초가찬에게 말했다.

"조심해. 돌 가까이 가지 마. 돌에서 튕겨진 화살에 맞을 수 있어."

"괜찮아. 맞지 않을 거야!"

초가찬은 계속 돌 가까이에서 활을 쏘았다.

실제로 코랴크인이 쏜 화살 하나가 초가찬의 옆구리 갈비뼈 바로 밑에 맞았다. 부상을 당한 초가찬은 해안가로 갔다. 거기에는 코랴크인의 배가 많이 있었다. 배의 밑바닥은 바다짐승의 가죽으로 덮여 있었다. 초가찬은 예리한 칼로 배 밑바닥을 갈랐다.

히드무찬은 한곳에 서서 움직이지 않고 계속 화살을 쏘았다. 화살이 다 떨어지자 창을 던졌다. 코랴크인들도 화살이 떨어질 때까지 화살을 쏘았다. 마침내 화살이 떨어지자 코랴크인들은 배가 매여 있는 곳으로 도망쳤다. 그들은 배를 타고 달아나려고 했다. 그러나 밑바닥이 갈린 배들은 해안가를 벗어나자마자 물속으로 가라앉았다.

그렇게 오로치인은 코니반도에 살던 코랴크인을 전멸했다. 코랴크인들이 훔쳐 갔던 재산을 거두고 사슴들을 강으로 몰고 와 서로 나누어 가졌다. 그 이후 두 종족 간의 싸움은 끝났고 코랴크인과 오로치인은 한마을에서 함께 살게 되었다.

여자 샘

어느 날 예벤인들이 타이가[10] 에 정착하려고 큰 들판에 멈췄다. 그 들판의 한쪽에는 온마이란 이름의 큰 산이 있었고 다른 쪽에는 우예가강이 흘렀다. 예벤인들은 거기서 며칠 동안 머물렀다. 그들 중 한 용감한 여자가 있었는데 여자는 산에 올라가 썰매를 타려고 했다.

여자가 남자들에게 말했다.

"산에서 썰매를 타고 내려오자."

"산이 너무 높아서 무서워. 과연 썰매를 타고 내려올 수 있을까?"

"무슨 남자들이 그래? 산을 무서워하다니!"

한 청년이 말했다.

"그래. 한번 타 봐! 죽을지도 몰라. 우리는 죽기 싫어."

여자는 화가 났다. 여자는 산을 타기 시작했다. 여자는 산을 오를 때 자작나무를 뿌리째 뽑아 가지고 갔다. 여자는 마침내 정상에 도달했다. 여자는 꺾은 자작나무를 짚고 산

---

10) 타이가 : 시베리아의 우랄산맥에서 오호츠크해에 이르는 침엽수림 지대.

에서 내려오기 시작했다. 그래서 산등성이에 깊은 자국이 남았다. 여자는 줄곧 자작나무를 짚고 산기슭까지 내려왔다. 산기슭에 도착하자 자작나무는 땅속 깊이 들어가 버렸다. 여자는 넘어지기 시작했다. 그러나 여자는 넘어지지 않으려고 우예가강을 한 번에 건너뛰어 바위로 변해 언덕 위에 섰다.

봄이 되어 눈이 녹기 시작했다. 자작나무가 지나간 곳에 파인 고랑으로 물이 흘러들었다. 고랑은 더 깊어졌다. 자작나무가 땅속에 박힌 곳에 샘이 생겼다. 예벤인들은 그 샘을 '여자 샘'이라고 불렀다.

데브리켄 코브리칸

데브리켄 코브리칸이 살았다. 어느 날 데브리켄 코브리칸이 나무를 하러 숲으로 갔다. 갑자기 누군가의 목소리가 들렸다.

"데브리켄 코브리칸! 데브리켄 코브리칸!"

데브리켄 코브리칸은 소리가 나는 쪽으로 갔다. 큰 버섯이 빙빙 돌고 있었다. 데브리켄 코브리칸은 버섯을 걷어찼다. 그러자 발이 버섯에 달라붙었다. 다른 발로 다시 버섯을 걷어찼다. 그러자 또 달라붙었다. 이번에는 손바닥으로 버섯을 때렸다. 그러나 손바닥이 버섯에 달라붙었다. 다른 손으로 때렸으나 마찬가지였다. 이마로 때렸다. 이마도 달라붙었다. 데브리켄 코브리칸은 그렇게 꼼짝없이 몸을 웅크린 채 누워 있었다.

다른 쪽에서 거인이 다가와서 말했다.

"내 올가미에 또 먹이가 걸려들었구나."

거인은 데브리켄 코브리칸을 끌고 집으로 갔다. 거인은 그를 긴 나무 기둥에 매달았다. 거인의 아이들이 입을 벌리며 말했다.

"또 비계를 먹게 되어 너무 좋아요!"

데브리켄 코브리칸이 말했다.

"내 비계는 일반 칼로는 자를 수 없어. 큰 칼로만 자를 수 있어."

그러자 거인은 큰 칼에게 말했다.

"칼아! 부탁이 있어."

"무슨 부탁인데?"

"데브리켄 코브리칸을 잘라야 해."

칼이 말했다.

"나를 갈려면 숫돌이 있어야 해."

거인이 뛰어갔다. 거인은 한참을 달려 숫돌을 찾아가서 말했다.

"숫돌아! 너를 데리러 왔어."

"왜 내가 필요한데?"

"데브리켄 코브리칸의 비계를 잘라야 해."

"나를 데려가려면 노인에게 있는 좋은 사슴을 가져와야 해."

거인이 노인에게 가서 말했다.

"좋은 사슴 한 마리를 주세요."

"사슴을 무엇에 쓰려고?"

"숫돌을 태워 가려고요."

"숫돌을 왜 태워 가려는데?"

"큰 칼을 갈려고요."

"큰 칼로 무엇을 하려고 하니?"

"데브리켄 코브리칸의 비계를 자르려고요."

"사슴은 저기에서 풀을 뜯고 있으니 몰래 다가가서 다리를 재빨리 잡아서 데려가. 그렇게 하지 않으면 사슴이 달아날 거야."

거인은 사슴이 풀을 뜯고 있는 곳으로 갔다. 거인은 사슴에게 몰래 다가가 뿔을 잡았다. 그러나 사슴은 뿔로 거인의 배를 찔렀다. 거인은 오랫동안 아파하다가 죽고 말았다.

한편 데브리켄 코브리칸은 거인의 집의 나무에 계속 매달려 있었다. 저녁이 되었다. 데브리켄 코브리칸이 거인의 아내에게 말했다.

"어떤 그릇에 나를 담아 먹을 거야? 어디에 내 비계를 넣어서 먹을 거야?"

거인의 아내가 말했다.

"솥에 넣어서 먹을 거야."

"솥이 너무 더러워. 닦아야 해."

거인의 아내는 솥을 닦으러 갔다. 아내는 오랫동안 솥을 닦았다. 거인의 아이들만 집에 남아 있었다. 데브리켄 코브리칸이 아이들에게 말했다.

"애들아! 나를 풀어 주면 활을 만들어 줄게."

아이들이 그를 풀어 주었다.

"아버지가 사람을 죽일 때 쓰는 칼을 내게 가져다줘."

아이들이 칼을 가져왔다.

"이제 너희는 가서 누워 있어. 나를 쳐다보면 절대 안 돼. 이불 속에 누워 있어. 내가 활을 다 만들 때까지 나를 절대로 보면 안 돼."

거인의 아이들은 이불 속에 누웠다. 데브리켄 코브리칸은 칼로 땅을 파기 시작했다. 데브리켄 코브리칸은 서둘러 큰 구멍을 판 다음 밖으로 나왔다. 그리고 집으로 뛰어갔다. 데브리켄 코브리칸은 집에서 잘 살았다.

쿠를레니

두 남자가 살았다. 한 남자의 이름은 쿠를레니였고 다른 남자의 이름은 넬디니였다. 그들은 가진 것이 아무것도 없었다. 사슴도 친척도 자식도 아내도 없었다. 쿠를레니는 이미 노인이었다. 머리는 백발이었다. 넬디니는 쿠를레니의 동생이었다. 넬디니도 반백의 머리를 하고 있었다.

두 형제는 항상 사냥을 하러 다녔다. 백발의 머리를 한 쿠를레니는 곰 사냥을 했다. 그날 잡은 곰을 어깨에 메고 집으로 가져왔다. 하루에 너덧 마리를 가지고 왔다. 반백의 머리를 한 넬디니는 사슴을 사냥했다. 그는 사슴 사냥하는 것을 아주 좋아했다. 하루에 두세 마리 사슴을 사냥하면 전부 집으로 가지고 왔다. 한 마리도 숲에 남겨 두지 않았다.

어느 날 두 형제는 함께 사냥을 하러 갔다. 오랫동안 걷고 또 걸었다. 걷다가 갑자기 나무 열매를 먹고 있는 곰 한 마리를 발견했다. 흰 곰이었다. 털이 얼마나 긴지 땅에까지 닿을 정도였다. 자세히 보니 발톱도 흰색이었다.

쿠를레니가 동생에게 말했다.

"저 곰을 잡자. 한 사람이 앞에서 잡고 다른 사람이 뒤에서 잡으면 될 거야."

넬디니가 말했다.

"형이 앞에서 곰의 귀를 잡아. 내가 뒤에서 잡을게."

두 사람은 그렇게 하기로 하고 곰에게 달려들었다.

곰이 두 사람을 발견하고 그들을 향해 왔다. 쿠를레니가 곰의 귀를 잡고 넬디니가 뒤에서 잡았다. 두 사람은 곰과 싸우기 시작했다. 다음 날까지 아주 오랫동안 싸웠다. 딱 스물네 시간이 지났다. 스물네 시간이 지난 후 곰이 멈추더니 말했다.

"멍청한 쿠를레니! 네가 나를 이길 수 있을 것 같아? 만일 너희가 나를 이기고 싶거든 잘 잡아. 그러지 않으면 나를 놓칠 거야."

곰은 네발로 뛰기 시작했다. 곰이 그렇게 뛰기 시작하자 두 형제는 곰을 붙잡으려고 안간힘을 썼다. 그러나 잡을 수가 없었다.

'차라리 곰 등에 타야겠어!'

그런 생각이 들자 쿠를레니는 곰의 등에 올라탔다. 쿠를레니는 곰을 타고 달렸다. 곰의 등에 타니 편했다. 곰은 아주 빨랐다. 쿠를레니는 동생을 돌아보았다. 동생은 곰을 잡으려고 뒤에서 계속 따라오고 있었다. 쿠를레니가 말했다.

"넬디니! 너도 나처럼 곰 등에 올라타. 아주 좋아."

넬디니가 보니 형은 곰을 타고 가고 있었다.

"나도 탈래!"

넬디니도 곰의 등에 올라탔다. 두 사람이 곰 등에 올라탔지만 곰은 무거움을 전혀 느끼지 못하는 듯 아주 빨리 잘 달렸다. 곰은 스무 채의 집이 모여 있는 거주지를 지나쳤다. 곰이 어찌나 빨리 달리던지 어떤 사람은 곰을 볼 수 있었지만 어떤 사람은 곰이 지나가는 것을 알지도 못했다. 곰은 계속 달렸다. 두 형제를 태운 곰은 마침내 바다까지 왔다. 바다에 도착한 곰은 바다를 건너려고 했다. 곰은 헤엄쳐 갔다. 마침내 바다 건너편에 도착했다. 곰은 계속 달렸다. 얼마 후 집 세 채가 나타났다. 하나는 목조 집이고, 다른 하나는 철 집이고, 세 번째는 은으로 만든 집이었다. 곰이 은으로 만든 집으로 다가가서 말했다.

"토사노칸! 우이레페! 봐! 누가 왔는지 봐!"

여자들이 집에서 나왔다. 여자들 앞에 곰이 한 마리 있었다. 온몸을 뒤덮은 하얀 털은 아주 길어 땅에 끌렸다. 곰의 등에 두 남자가 타고 있었다. 곰이 다시 말하기 시작했다.

"오빠들은 지금 집에 없지? 오빠들이 돌아오면 오빠들에게 곰이 왔었다고 말할 거지? 그러나 오빠들은 너희 말을 믿지 않을 거야. 흰 곰이 왔었다는 것을 믿지 않을 거야. 어떻게 사람이 곰을 탈 수 있느냐고 말하겠지. 오빠들은 너희 말을 믿지 않을 거야. 내 털을 두세 올 뽑아 오빠들에게 보여 줘. 그러면 믿을 거야."

여자들이 털을 뽑으려고 곰에게 다가갔다. 털을 뽑자마자 갑자기 곰이 어디론가 사라졌다. 여자들 역시 사라졌다. 어디로 갔는지 두 형제는 보지 못했다. 사라지기 전에 형제는 곰 등에 앉아 있었다. 곰이 사라지고 나서 두 형제는 원래 곰이 서 있었던 그 자리에 앉아 있었다. 곰이 어디로 사라졌는지 알 수 없었다. 두 형제가 보았던 여자들 역시 어디론가 사라지고 없었다.

그렇게 형제는 거기에 남아 살게 되었다.

게으른 소년과 새

강가에 한 소년이 앉아 있었다. 아주 더웠다. 소년은 강에서 멱을 감고 싶었다. 그러나 옷을 벗기가 귀찮았다.

"아유! 너무 더워! 강에서 멱을 감으면 참 좋겠다!"

옆 나뭇가지에 앉아 있던 새가 소년의 말을 듣고 나서 말했다.

"물에 뛰어들어!"

"만일 물에 빠지면 어떡해?"

"강가의 나뭇가지를 꽉 잡아."

"손에 상처가 나면 어떡해?"

"가죽으로 만든 장갑을 껴."

"장갑이 물에 젖으면 어떡해?"

"햇볕에 말리면 되지."

"장갑이 터지면 어떡해?"

"터지면 꿰매."

소년은 자존심이 상했다.

"네가 날 가르쳐? 꿰매다가 손가락을 찔릴 거야."

"그러면 골무를 껴!"

소년은 작은 새에게 조롱당하는 것에 화가 났다. 소년은 돌을 집어 휘두르며 새를 향해 소리치기 시작했다.

"이제 내가 너에게 본때를 보여 줄 거야!"

그 순간 발이 미끄러져 소년은 물에 빠졌다. 소년은 홀딱 젖은 채 물에서 나왔다. 소년은 이런 일이 생긴 것이 새 때문이라고 새를 욕하며 강가에 누워 젖은 옷을 말려야 했다. 한편 새는 나무 사이를 날아다니며 깔깔거리고 웃었다.

달에 반점이 생긴 이유

한 여자가 살았다. 그녀에게는 딸이 둘 있었다. 여자는 죽어 가면서 딸들에게 말했다.

"강 상류 쪽으로는 다니지 말거라! 거기를 뛰어다니지 말거라! 거기 가면 귀신을 만나게 돼."

엄마는 죽고 딸들만 살게 되었다. 어느 날 두 처녀는 어머니가 죽기 전에 한 당부를 잊고 강 상류까지 가게 되었다. 거기에 귀신이 앉아서 물고기를 낚고 있었다. 두 처녀가 다가가자 귀신이 말했다.

"너희 둘 중 하나가 나에게 입을 맞춰 주면 내가 방금 잡은 물고기를 줄게."

처녀들은 놀라지 않았다. 나이 어린 처녀가 귀신에게 입을 맞추려고 갔다. 귀신이 그녀를 깨물었다. 그러고 나서 귀신은 두 처녀에게 물고기 두 마리를 주며 말했다.

"내일 너희 집에 놀러 갈게."

처녀들은 집으로 돌아왔다. 귀신에게 깨물렸던 동생이 언니에게 말했다.

"귀신이 우리를 잡아먹을 거야. 나를 지붕 덮는 천막으로 둘둘 말아 침대 밑에 놓아 줘. 엄마가 마름질할 때 쓰던 칼을 내 손에 들려 줘. 그리고 언니는 사람들을 부르러 가."

언니는 동생이 시킨 대로 하고 집을 나갔다. 동생은 침대 밑에 누워 있었다. 밤이 되었다. 귀신이 와서 천에 둘둘 말린 동생을 그녀가 들고 있던 칼과 함께 한입에 삼켜 버렸다. 그러고 나서 언니를 잡으러 갔다. 귀신은 달리고 또 달렸다. 그런데 갑자기 배에서 통증이 느껴져 가던 길을 멈추고 잠시 웅크리고 앉았다. 콩팥이 굴러떨어졌다. 귀신은 놀랐다. 다시 출발했다. 달리고 또 달렸다. 또 배가 아프기 시작했다. 다시 멈춰서 살펴보았다. 다른 쪽 콩팥이 굴러 떨어졌다. 더 놀란 귀신은 계속해서 달렸다. 조금 후 다시 배 속에서 무언가가 찔렀다. 귀신은 엎드렸다. 간이 삐져나왔다. 귀신은 너무 아팠다. 귀신은 공포로 길을 잃어버리고 어디로 가는지도 모른 채 달렸다.

귀신은 얼마쯤 달리다 다시 주저앉았다. 심장이 나와 있었다. 귀신은 그 자리에서 죽었다. 처녀는 귀신의 배를 가르고 나왔다. 처녀는 발길 닿는 대로 갔다. 한참을 걸어 마침내 한 마을에 다다랐다. 거기에는 부유한 사람들이 살고 있었다. 처녀는 그들 집에서 일하게 되었다. 처녀는 일을 열심히 했지만 사람들은 매일 처녀를 때렸다.

어느 날 저녁 처녀는 물을 길으러 강으로 갔다. 날이 맑았고 하늘에는 달이 있었다. 처녀가 달에게 말했다.

"달님! 달님! 저를 데려가 주세요! 이 돈 많은 사람들 집에 있는 것이 너무 힘들어요. 걸핏하면 때리고 먹을 것도 주지 않아요. 저를 빨리 데려가 주세요! 아니면 해님이 저를 데려가실래요? 세상 사람들이 다 저를 구박하고 그 누구도 다정하게 말해 주지 않아요. 더 이상 살기 싫어요!"

해가 땅으로 내려와서 처녀를 붙잡았다. 그런데 달이 해에게서 처녀를 빼앗으려고 했다. 3년 동안 서로 싸운 끝에 달이 마침내 처녀를 데리고 갔다. 그때부터 처녀는 달에서 살게 되었다.

맑은 날 밤에 달을 쳐다보면 반점들이 보인다. 자세히 살펴보면 한 처녀가 양동이를 들고 서 있는 것을 알게 된다. 처녀는 아래를 내려다보며 미소를 짓고 있다.

고아 소녀

한 부자 노인 집에 고아 소녀가 살았다. 소녀는 집안일을 다 했다. 나무를 해 오고 물을 길어 오고 바느질을 하고 음식을 만들었다. 노인은 소녀를 싫어했다. 소녀를 잘 대해 주지 않았다. 소녀가 물을 길어 오면 노인은 말했다.

"썩은 물이야. 부어 버리고 다시 길어 와."

겨우내 소녀는 물을 길어 왔고 노인은 소녀더러 물을 부어 버리게 했다. 소녀는 그렇게 사는 것에 너무 지쳤다.

봄이 되자 백조들이 날아왔다. 소녀가 백조들에게 간청했다.

"백조야! 백조야! 나를 데려가 줘! 할아버지가 나를 괴롭혀."

백조들이 말했다.

"우리는 너를 못 데려가. 거위들에게 부탁해 봐."

거위들이 날아왔다. 소녀가 거위들에게 부탁했다.

"거위야! 거위야! 나를 데려가 줘! 할아버지가 나를 괴롭혀. 내가 물을 길어 오면 따라 버려."

거위들이 말했다.

"우리는 너를 못 데려가. 오리들에게 부탁해 봐."

오리들이 날아왔다. 소녀는 다시 오리들에게 부탁했다.

"오리야! 오리야! 나를 데려가 줘!"

오리들이 소녀를 태웠다.

노인은 날아가는 소녀를 발견하고 부탁하기 시작했다.

"애야! 애야! 내려와. 가지 마! 내려오면 옷을 선물할게."

소녀가 말했다.

"내려가지 않을 거예요. 내려가면 저를 또 괴롭히실 거잖아요. 물을 길어 오라고 시킬 거잖아요. 물을 길어 오면 또 따라 버릴 거잖아요."

노인은 다시 부탁했다.

"애야! 애야! 내려와! 내려오면 모자를 선물할게."

"내려가지 않을 거예요. 저를 괴롭힐 거잖아요."

노인이 다시 간청했다.

"애야! 애야! 내려와! 내려오면 털 장화를 선물할게."

소녀는 내려오지 않았다. 소녀는 노인에게서 벗어나 오리가 되었다.

틸켄과 돌단 형제

옛날에 한 마을에 두 형제가 살았다. 형의 이름은 틸켄이었고 동생의 이름은 돌단이었다. 두 형제는 아주 힘이 셌고 용감했다. 돌단이 특히 힘이 셌다. 게다가 돌단은 멀리 떨어진 데서 나는 소리도 잘 들을 수 있는 능력이 있었다. 이웃 마을에는 다른 성을 가진 사람들이 살고 있었는데 족장의 이름은 카긴칸이었다.

틸켄과 돌단이 아직 어렸을 때 카긴칸은 사람들로부터 두 형제의 힘과 용맹함에 대해 들었다. 카긴칸은 두 형제가 자라서 자신을 죽일 것이 두려워 두 형제를 죽이기로 결심했다. 카긴칸은 아주 큰 솥을 닮은 쇠로 된 큰 집에 두 형제를 가두었다.

두 형제는 빨리 성장해서 거대한 솥 모양의 집을 들어 올리고 거기에서 빠져나왔다. 형제는 카긴칸에게 복수를 하기로 결심했다. 형제는 스키를 타고 카긴칸이 사는 곳으로 출발했다. 한참을 가다가 틸켄이 돌단에게 말했다.

"돌단! 카긴칸 사람들이 뭐라고 하는지 잘 들어 봐."

돌단은 귀를 땅에 바짝 대고 사람들이 하는 말을 들었다.

"카긴칸 사람들이 모여서 우리를 어떻게 찾아서 죽일지

를 논의하고 있어."

형제는 다시 하루 동안을 걸었다. 아직 마을에 도착하지 못했다. 돌단이 다시 귀를 기울여 들었다. 돌단이 말했다.

"카긴칸이 우리가 그에게 가고 있다는 것을 알아챘어. 장사들을 모으고 있어. 장사들이 많아."

두 사람은 계속해서 걸었다. 두 사람은 항상 나란히 걸었다. 낮이 지나고 밤이 지났다. 틸켄은 지쳐서 뒤처지기 시작했다. 돌단이 앞에서 걸었다. 마침내 카긴칸 사람들의 집이 모여 있는 들판에 다다랐다. 그 중간에 거대한 집이 한 채 있었다. 카긴칸의 집이었다. 들판을 뛰어다니며 놀던 카긴칸의 하인들이 소리를 질렀다.

"카긴칸! 웬 사람들이 왔어요!"

틸켄과 돌단은 스키를 벗고 큰 집으로 향했다. 카긴칸이 그들을 맞이하러 나왔다.

"손님들! 당신들의 힘과 용맹함을 알아보고 싶은데 우리 경기에 참가하지 않겠나?"

"어떤 경기인데요?"

"지금부터 우리는 산에서 스키를 타고 내려올 거야. 아주 높은 산이야."

"뭐 그렇다면 같이 해요!"

카긴칸이 오틀레첸을 불렀다. 오틀레첸, 돌단, 틸켄 세 사람은 스키를 타고 내려오기 위해서 산으로 갔다. 세 사람은 마을 뒤에 있는 아주 가파른 장소로 가서 비탈의 정상으로 올라갔다. 비탈을 따라 칼날을 위로 한 칼이 줄지어 박혀 있었다. 칼 사이로 길이 나 있었다. 칼을 건드리지 않고 스키를 타고 길을 따라 내려와야만 했다. 돌단이 오틀레첸에게 말했다.

"먼저 내려가시오. 당신 뒤를 따라 우리가 내려가겠소. 당신에게서 배우겠소."

"내가 내려갈게!"

오틀레첸은 산꼭대기에서 내려오기 시작했다. 중간까지는 무사히 잘 왔으나 그 이후부터 스키가 길에서 벗어나 칼과 부딪쳤다.

돌단이 말했다.

"꼴좋다! 자랑하더니만!"

돌단은 형과 함께 다시 카긴칸의 집으로 갔다. 카긴칸이 앉아서 두 사람을 기다리고 있었다. 카긴칸은 오틀레첸이 칼과 부딪쳤다는 말을 듣고 다른 장사 울키니를 불렀다. 카긴칸이 두 형제에게 말했다.

"이제 이 장사와 용맹함을 겨루어 봐."

울키니는 나무 꼭대기에서 뛰어내리기 선수였다. 경쟁자들은 나무 아래를 향해 뛰어야만 한다. 나무 아래에는 뾰족한 것들이 아주 많이 있었다. 돌단이 울키니에게 말했다.

"당신이 먼저 뛰어내려. 그다음에 내가 뛸게. 당신에게서 한 수 배울게."

울키니는 자신 있었다. 그는 나무로 올라가서 이 나무에서 저 나무로 가볍게 뛰기 시작했다. 그러나 나무 간격을 잘못 계산해서 다음 나무까지 다다르지 못하고 그만 뾰족한 데에 떨어지고 말았다.

카긴칸은 몹시 놀랐다. 돌단과 형은 전혀 상처도 입지 않고 있었다. 카긴칸은 묵투르두크를 불렀다.

묵투르두크가 왔다. 돌단은 그가 진짜로 아주 힘이 센 사람이라는 것을 한눈에 알아볼 수 있었다. 그러나 돌단 역시 강했다. 돌단이 웃으며 말했다.

"자! 겨뤄 봅시다!"

두 사람은 아주 큰 구덩이 옆에서 겨뤄야만 했다. 두 사람은 구덩이가 있는 곳으로 갔다. 돌단이 구덩이 안을 들여다보니 바닥에 뾰족한 칼이 아주 많이 꽂혀 있었다. 그러나 돌단은 두렵지 않았다. 두 장사는 서로 붙잡고 싸우기 시작했다. 돌단이 말했다.

"묵투르두크! 먼저 나를 공격해. 나를 구덩이에 떨어뜨려 봐."

묵투르두크가 돌단을 떨어뜨리려고 했다. 돌단은 다리

에 힘을 꽉 주고 서서 넘어지지 않았다.

"이제 내 차례야."

돌단은 속으로 생각했다.

'이제 너는 구덩이 밑바닥에 누워 있게 될 거다.'

돌단이 묵투르두크를 밀자 그는 바로 구덩이에 있는 칼 위로 떨어졌다.

다시 두 형제는 카긴칸에게 갔다. 카긴칸은 두 형제가 오기 전 이미 하인들에게 명령했다.

"가서 딜키니를 불러오너라. 딜키니에게 가서 돌단이 동생 묵투르두크를 칼이 놓여 있는 구덩이로 밀었다고 해라. 곧 그루터기를 뛰어넘는 시합을 할 거라고 말해."

얼마 후 딜키니가 왔다. 돌단은 그를 자세히 살폈다. 두 사람은 그루터기가 있는 데로 갔다. 그루터기 사이에 역시 칼이 놓여 있었다.

돌단이 말했다.

"네가 먼저 뛰어. 너는 이 그루터기를 잘 아는 것 같은데 나는 처음 봐. 여긴 생전 처음 오는 곳이야. 너는 정말이지 엄청난 선수 같아."

딜키니는 경쟁자가 하는 칭찬에 몹시 기분이 좋아졌다. 돌단은 뒤돌아서서 그를 비웃었다. 딜키니는 그루터기를 뛰어넘기 시작했다. 돌단은 생각했다.

'이제 미끄러져 칼 위에 떨어질걸.'

실제로 딜키니는 거리를 제대로 계산하지 못하고 뛰어 칼 위로 떨어졌다. 딜키니도 자신의 동생처럼 그 자리에서 죽었다.

돌단은 형과 함께 다시 카긴칸에게 갔다. 카긴칸은 두 형제를 보고 하인들에게 명령했다.

"큰 솥을 가져오너라!"

하인들은 사슴 고기가 든 큰 솥을 가져왔다. 카긴칸은 생각했다.

'돌단이 과식을 하면 힘을 쓰기 어려워질 거야. 그때 죽여야지.'

돌단은 고기가 들어 있는 김이 나는 솥을 바라보고 웃기만 할 뿐이었다. 그는 김이 나는 뜨거운 솥을 들고 국물까지 다 마셔 버렸다. 카긴칸은 그것을 보고 자신의 눈을 믿을 수 없었다. 돌단에게는 아무 일도 일어나지 않았다. 카긴칸에게 자신의 힘을 보여 주기 위해 돌단은 빈 솥을 손으로 구겨 저쪽으로 던져 버렸다.

카긴칸이 하인에게 소리쳤다.

"솥을 또 가져오너라!"

하인들이 솥을 또 가져왔다. 솥에는 고기가 가득 들어 있었다. 하인들은 솥을 돌단 앞에 놓았다. 돌단은 그 솥에 있는 고기를 먹고 국물까지 다 마신 후 구겨서 던져 버렸다. 카긴칸은 앞에 범상치 않은 힘을 가진 사람이 서 있는 것에 놀라지 않을 수 없었다.

"너를 이길 수가 없구나. 내 딸을 아내로 삼거라."

카긴칸의 딸은 범상하지 않았다. 쇠 이빨과 쇠 손톱을 지니고 있었다. 그러나 돌단은 놀라지 않고 웃을 뿐이었다.

"좋아요. 딸은 어디에 있어요?"

"저기 저 집에 들어가면 있을 거야."

돌단은 그 집으로 들어가 거기에 앉아 있는 처녀에게 자신이 남편이라고 말했다.

밤이 되어 두 사람은 잠자리에 들었다. 밤에 돌단은 여자가 자신을 깨문다고 느꼈으나 몸에는 어떤 자국도 남지 않았다. 돌단은 아무것도 모르는 듯이 가만히 있었다. 여자는 계속해서 깨물었다. 돌단은 아무것도 모르는 듯이 누워서 가만히 있었다. 아무것도 느끼지 못하는 척했다. 여자의 이가 다 닳았다. 그러나 돌단은 계속 참았다. 그러자 여자는 손톱으로 돌단을 할퀴기 시작했다. 손톱이 다 망가질 때까지 할퀴었다. 돌단은 생각했다.

'옆으로 돌아누워 그녀를 때려야겠어.'

돌단이 카긴칸의 딸을 때리자 그녀는 그 자리에서 죽었다. 돌단은 형에게 가서 말했다.

"힘세고 용맹한 사람들을 모두 죽였으니 이제 남은 사람들을 죽이면 돼."

형제는 카긴칸과 그 가문의 남자들을 다 죽이고 그들의 재산과 여자들을 데리고 자신의 마을로 돌아왔다.

가문끼리 불화가 있었던 옛날에는 사람들이 그렇게 살았다.

우메스네와 안차크

옛날에 아주 민첩하고 힘세고 훌륭한 사냥꾼이 살았다. 그의 이름은 우메스네였다. 그에게는 아주 아름답고 눈처럼 흰 아내가 있었다. 아내의 이름은 안차크였다. 아내는 하루 종일 일을 했다. 바느질을 하고 가죽을 문지르고 열매와 호두를 따러 다녔다.

어느 날 안차크는 하늘에서 무슨 소리가 나는 것을 들었다. 굴뚝을 올려다보니 까마귀 한 마리가 천막 기둥 위에 앉아서 노래하고 있었다.

안차크야!
예르이코, 미르이코, 게르예리코.[11]
너는 참 아름답구나,
예르이코, 미르이코, 게르예리코.
나랑 같이 가자.
예르이코, 미르이코, 게르예리코.
너는 부자로 살게 될 거야.

---

11) 노래에 반복적으로 나오는 후렴 부분으로 어휘적 의미는 없다.

예르이코, 미르이코, 게르예리코.
너는 열 명의 하인을 두게 될 거야.
예르이코, 미르이코, 게르예리코.

안차크가 말했다.
"썩 꺼져. 난 가지 않을 거야!"
새가 다시 노래하기 시작했다.

안차크야!
예르이코, 미르이코, 게르예리코.
집에서 나와 여기를 보렴.
예르이코, 미르이코, 게르예리코.

안차크가 집에서 나오자 까마귀는 기둥에서 내려와 땅바닥에 떨어졌다. 까마귀는 거대한 새로 둔갑했다. 새는 안차크를 낚아채 어디론가 날아가 버렸다.

남편이 사냥에서 돌아와 보니 아내가 집에 없었다. 남편은 사슴 등에 뛰어올라 채찍질을 하며 달렸다. 사슴은 하늘로 솟아올랐다.

우메스네는 마법의 새를 뒤쫓아 가서 칼로 베어 버리고 아내를 집으로 데려왔다.

우메스네는 다음 날 다시 사냥을 갔고 안차크는 집에 남았다. 안차크가 바느질을 하려 앉자마자 어제의 까마귀 노랫소리가 또 들렸다.

안차크야!
예르이코, 미르이코, 게르예리코.
빨리 여기를 떠나자.
예르이코, 미르이코, 게르예리코.

안차크가 말했다.
"아니, 너하고 가지 않을 거야. 썩 꺼져!"
까마귀가 또 노래했다.

안차크야!
예르이코, 미르이코, 게르예리코.
만일 지금 네 남편이 돌아오면.
예르이코, 미르이코, 게르예리코.
우리는 서로 힘을 겨룰 거야.
예르이코, 미르이코, 게르예리코.

안차크가 답했다.

"내 남편은 아주 힘이 세고 민첩해."

까마귀가 또 노래했다.

안차크야!
예르이코, 미르이코, 게르예리코.
여기를 좀 봐.
예르이코, 미르이코, 게르예리코.

안차크는 정신을 잃었다. 정신을 차려 보니 이미 마법의 새 등에 타고 있었다. 새는 안차크를 데리고 역시 알 수 없는 곳으로 날아갔다.

남편이 돌아왔다. 아내가 또 집에 없었다. 우메스네는 마법의 사슴 등에 올라타 다시 새를 쫓아갔다. 한참을 달려 마침내 새를 잡아, 새와 아내 둘 다 칼로 죽이고 혼자 집으로 돌아왔다.

하루가 지나고 이틀, 사흘이 지났다. 우메스네는 아내가 그리웠다. 심심하고 적적했다. 우메스네는 밤에 잠도 자지 못했다. 쓸쓸했다.

우메스네는 아내를 찾으러 떠나기로 결심했다. 아내의 뼈라도 찾아 잘 묻어 주려고 결심했다.

우메스네는 새와 아내를 죽였던 곳에 도착했다. 아무리

찾아도 아내의 뼈는 없었다. 주변에는 아무것도 없었다. 우메스네는 오랫동안 곰곰이 생각하다가 마침내 허둥대며 눈길 가는 대로 발길을 옮겼다. 며칠 밤낮을 갔다. 드디어 작은 집 하나가 눈에 띄었다. 집 안으로 들어가니 노파가 앉아 있었다.

노파가 우메스네에게 물었다.

"어디서 오는 거니?"

"까마귀가 데려간 내 아내를 찾고 있어요."

"그 까마귀를 내가 봤어. 얼마 전에 까마귀가 어떤 여자를 태우고 여기를 지나갔어. 여자가 울며 어떻게 남편을 혼자 살게 하냐고 까마귀에게 단호하게 말하더군."

우메스네는 노파의 집에서 하룻밤을 묵었다. 다음 날 노파가 우메스네에게 말했다.

"내가 너를 도울게. 까마귀 집으로 가는 길을 알려 줄게. 북쪽으로 가. 거기에 들판이 있을 거야. 계속해서 더 가면 강이 나와. 강 양쪽을 따라 숲이 있어. 강을 건너서 숲으로 가. 숲에 거대한 낙엽송 한 그루가 있을 거야. 그 나무에 까마귀 둥지가 있어. 그 둥지를 반드시 한밤중에 칼로 내리쳐. 절대로 소리가 나게 하면 안 돼. 둥지에 있는 것을 집으로 가져가."

우메스네는 그곳을 떠났다. 몇 날 며칠을 간 끝에 마침내 강에 도착했다. 강을 건너자 거대한 낙엽송이 보였다. 숨어서 밤이 되기를 기다렸다. 자정이 되자 우메스네는 칼로 소리 없이 낙엽송을 내리쳤다. 둥지에서 수많은 까마귀가 날아갔다.

우메스네는 둥지 안을 들여다보았다. 눈에 띄게 아름다운 까마귀 한 마리가 있었다. 까마귀의 깃털은 은색이었다. 우메스네는 그 까마귀를 집어서 품속에 넣었다.

우메스네는 다시 노파의 집으로 갔다. 거기에는 노파가 아닌 한 처녀가 있었다. 처녀는 우메스네에게 줄 사슴들을 벌써 준비해 놓았다.

처녀가 말했다.

"둥지에서 가지고 온 것을 제게 주세요. 그리고 당신은 집으로 가세요. 모든 게 다 잘될 거예요!"

우메스네는 집에 도착해서 안으로 들어갔다. 예전처럼 아내가 사슴 가죽으로 만든 요 위에 앉아서 구슬을 옷에 달고 있었다.

현명한 노인

옛날에 현명한 노인이 아내와 세 딸과 함께 살았다. 어느 겨울날 눈이 그쳤을 때 노인의 아내가 큰딸에게 말했다.

"아, 목이 말라! 깨끗한 눈을 가지러 다녀오너라."

큰딸은 눈을 가지러 갔다. 멀리서 큰 웅덩이를 발견했다. 국자로 눈을 푸려고 했다. 그때 갑자기 큰 날개 그림자가 보였다. 실눈을 뜨고 그림자를 바라보았다. 이미 큰딸은 날아가는 큰 독수리 목 위에 앉아 있었다. 집에서는 모두들 큰딸을 기다렸다. 사흘째 되는 날 노인이 둘째 딸에게 말했다.

"네 언니가 어디로 사라졌단 말이니? 너무 목이 마르구나. 이제 네가 눈을 가지러 갔다 오렴. 네가 도움이 될지도 모르겠구나."

둘째 딸이 눈을 가지러 갔다. 둘째 딸은 언니의 발자국을 따라갔다. 길을 따라가다가 언니가 가지고 갔던 자루를 발견했다. 눈 위에 아주 큰 날개 자국이 있었다. 둘째 딸은 흐느껴 울며 눈을 푸려고 했다. 머리 위에서 무슨 소리가 났다. 날개 그림자가 힐끗 보였다. 어떻게 자신이 독수리 등에 타게 됐는지 도무지 알 수 없었다.

집에서는 둘째 딸을 기다렸다. 식구들은 울었다. 노인이 울며 막내딸에게 말했다.

"네 언니들에게 무슨 일이 생긴 거지? 어디로 사라졌단 말이니? 우리는 너를 보내지 않을 거야. 목말라 죽는 편이 나아."

사흘이 지났다. 갑자기 아궁이 근처에서 노랫소리가 들렸다.

"현명한 할아버지! 막내딸을 내게 줘. 현명한 할아버지! 당신의 두 딸은 호수에 누워 있어. 그들의 뼈가 이리저리 돌아다녀. 현명한 할아버지!"

노인과 노인의 아내는 이불 속에 숨었다.

"뭐지?"

노인과 노인의 아내는 잠이 들었다. 다음 날 아침 일어나 보니 아궁이 옆에 말린 고기가 놓여 있었다. 노인과 노인의 아내는 아무 의심 없이 먹기 시작했다. 다시 아궁이에서 노랫소리가 들렸다. 두 사람은 무서워서 다시 이불 속에 숨었다. 두 사람은 잠이 들었고 아침에 일어나 보니 또 고기가 놓여 있었다. 노인이 아내에게 말했다.

"누군가 우리를 도와주는 거야. 우리에게 먹을 것을 가져다주는 거야."

노인과 노인의 아내는 고기를 먹었다. 또다시 노랫소리가 들려왔다. 노인과 노인의 아내는 울면서 아궁이를 바라보며 말했다.

“우리가 누구를 내줘야 한다고? 아무도 보이지 않는데 누가 노래하는 거니?”

다시 노랫소리가 들렸다.

“현명한 할아버지! 막내딸을 내게 줘. 당신의 두 딸은 호수 바닥에 누워 있어. 뼈도 호수 바닥에 놓여 있어. 현명한 할아버지! 나는 암소야. 밖을 봐.”

노인은 밖으로 나갔다. 나무 위에 암소 가죽이 걸려 있었다. 노인은 집으로 다시 들어와서 아내에게 말했다.

“보이지는 않지만 그에게 막내를 내줍시다. 막내가 잘 살 수도 있어. 막내야! 이제 눈길을 따라가거라.”

막내딸은 아주 아름다웠다. 그녀는 눈길을 따라 걸어갔다. 길에서 언니들이 가지고 갔던 자루를 발견했다. 그녀는 눈길에 난 큰 날개 자국을 따라서 갔다. 눈을 조금 푸려고 할 때 갑자기 날갯죽지 소리가 들렸다. 실눈을 떠서 가만히 살피니 자신이 독수리 목 위에 있는 것이 아닌가!

노인 집에서 노래를 불렀던 사람은 아주 돈이 많고 잘생긴 청년이었다. 청년은 노인의 두 딸이 길을 잃은 것을 보았다. 노인의 막내딸을 보고는 첫눈에 사랑에 빠졌다. 그래서 청년은 노인과 노인의 아내와 막내딸을 나쁜 악귀로부터 보호하고 싶었다.

청년은 작은 새로 변해서 독수리를 따라 날아갔다. 독수리는 큰 바다를 건넜으나 작은 새는 바다를 건너기가 너무 힘들었다. 섬에 큰 집이 한 채 있었다. 집 옆에 여자들이 많이 지나다녔다. 굿하는 소리가 들렸다. 집에서 막내딸이 나와서 울었다. 큰 솥을 끌고 나왔다. 곧 자신이 죽을 것이라는 것을 알고 솥을 걸며 울었다. 그녀 주위를 작은 새가 날아다녔다.

처녀는 울며 중얼거렸다.

"불쌍한 새야! 너는 내가 이제 곧 호수 바닥에 있게 될 것이라는 것도 모른 채 날고만 있구나."

새는 그녀의 어깨 위에 앉았다. 멀지 않은 곳에 검은빛 큰 호수가 보였다. 처녀는 호수로 다가가서 웅크리고 앉아서 울었다.

"우리 불쌍한 부모님! 나도 없이 어떻게 사실까? 내 생사도 모르실 거야. 누구도 나를 도와주지 않을 거야."

처녀가 물을 푸려고 하는 순간 그녀 앞에 잘생긴 청년이 나타났다.

"아가씨! 내가 물을 풀게요."

청년은 그렇게 말한 후 솥에 가득 물을 담았다.

"이제 집으로 이 솥을 가지고 가서 당신 주인에게 왜 그렇게 피곤해하느냐고 물으세요. 그리고 왜 사람들이 그에게 절대 죽지 않는 전능한 존재라고 하는지 물으세요."

청년은 그렇게 말한 후 양털로 변해 처녀의 손 위에 앉았다.

처녀는 물을 길어서 집으로 갔다. 처녀가 집으로 들어가자 남자가 처녀를 옆에 앉히고 말했다.

"내 생각에 누군가 너를 도운 것 같아. 그렇지? 그렇지 않으면 어떻게 네가 호수에서 돌아올 수 있단 말이야?"

"누가 나를 도울 수 있겠어요? 모두들 당신의 전능한 힘을 칭찬해요. 저도 당신이 부러워요. 저는 호수에 빠지지 않고 호수를 건너 당신에게 물을 가지고 오려고 엄청 애썼어요. 정말이지 당신은 사람들이 여기는 것처럼 그렇게 강한가요?"

"나는 당신의 아름다움 때문에 당신을 선택했는데 이제 보니 당신은 영리하기까지 해. 맞아. 당신의 말대로 나는 이 세상 어느 누구보다 강해. 그런데 지금 누군가가 나와 싸우고 싶어 하는 것 같아."

"누가 당신과 싸울 수 있겠어요? 당신이 그렇게 힘이 센데. 게다가 당신은 결코 죽지 않는다고 하던데요. 그게 사실이에요?"

"그래. 사실이야. 많은 사람들이 나의 전능한 힘에 대해 알아. 누구도 왜 내가 결코 죽지 않는지 그 비밀을 찾을 수 없을 거야."

남자는 껄껄 웃으며 말했다.

여자가 말했다.

"당신이 죽지 않는다는 사실을 믿을 수 없어요."

"당신이 내 사랑스러운 아내가 되면 알게 될 거야."

"당신이 죽지 않는다는 것을 알기 전에는 절대 당신의 아내가 되지 않을 거예요."

"좋아. 내가 당신에게 말해 줄 테니 잘 들어."

남자는 오만한 목소리로 노래하기 시작했다.

"누구도 바닷가에 하늘을 향해 높이 솟은 나무가 한 그루 있다는 것을 모르지. 그 나무 끝에 나의 수호신인 부엉이가 있다네. 부엉이 배 속에 눈알 두 개가 있어. 그것이 내 생명이야."

양털로 변했던 청년은 밖으로 나가 새로 변해 바다를 향해 날아갔다. 바닷가에는 하늘을 향해 높게 솟은 큰 나무가 있었다. 청년은 뾰족한 뼈로 변해서 나무 꼭대기로 기어 올라갔다. 나무 꼭대기에 부엉이 한 마리가 날고 있었다. 청년은 부엉이를 잡아서 죽였다. 부엉이의 배를 가르니 눈알 두 개가 있었다. 청년은 눈알을 가지고 오던 길로 되돌아갔다.

한편 남자는 잘난 척을 하며 노래를 하고 웃고 있었다. 다시 양털로 변한 청년은 집으로 들어갔다. 남자가 하는 노래를 들으며 청년은 두 눈알을 북 위로 던졌다. 남자는 엎어져 죽었다.

어떤 여자들은 남자를 도우려고 애를 쓰며 울음을 터뜨렸고 어떤 여자들은 기뻐했다. 여자들은 청년을 에워싸고 그를 칭송하며 고맙다고 말했다. 남자가 죽자마자 바다와 호수가 사라졌다. 호수가 있던 자리에 죽은 사람들이 누워 있었다. 청년이 그들을 만지자 모두들 살아서 벌떡 일어났다.

처녀의 두 언니도 살아났다. 청년이 작은 언덕을 건드리면 사슴 떼가 되었다. 개미들을 건드리면 하인으로 변했다. 모두들 노인 집으로 갔다. 노인은 아궁이와 침대 사이에 있는 기둥을 부둥켜안고 울었다. 세 딸은 기뻐하며 부모님에게 다가갔다. 노인이 아내에게 말했다.

"여보! 우리가 너무 오랫동안 울어서 우리 귀가 이상해진 거 아냐?"

노인은 자신의 귀를 잡아 뜯었다.

세 딸이 말했다.

"아버지! 어머니! 우리는 귀신이 아니에요. 우리가 돌아왔어요."

"여보, 봐! 우리가 너무 오랫동안 울어서 헛것이 보이는구려."

노인은 자신의 두 눈을 뽑으려고 했다. 딸들이 말렸다.

"아버지, 보세요! 아버지 사위와 함께 왔어요. 그가 우리를 구했어요. 이 사람이 아버지의 사위인 뉸구예예요."

그제야 노인은 딸의 말을 믿었다. 청년이 노래하기 시작했다.

"현명한 할아버지! 내게 막내딸을 주세요. 현명한 할아버지! 내가 큰 호수에서 당신의 딸을 꺼냈어요. 현명한 할아버지!"

노인은 젊은이처럼 펄쩍펄쩍 뛰었다. 통나무를 내팽개쳤다.

"삶이 전처럼 계속되리라! 모두들 행복하게 살아라!"

그때부터 그들은 동화처럼 행복하게 잘 살았다.

멘레크

한 남자가 살았다. 그의 아내 이름은 멘레크였다. 어느 날 남자는 어디론가 나가서 오랫동안 돌아오지 않았다. 멘레크는 걱정하며 남편을 기다렸다. 멘레크는 마침내 남편을 찾으러 가기로 결심했다. 그녀는 남편이 어디로 사라졌을까 생각하며 남편을 찾아 나섰다.

멘레크는 남편이 갔던 길을 따라서 갔다. 남편은 사냥을 다녔지만 집에는 아무것도 가지고 오지 않았다. 심지어 집에 잠을 자러 오지도 않았다. 남편은 다른 곳에 다른 여자와 살고 있었다. 멘레크는 남편이 여자와 함께 있는 것을 보았다. 화가 난 멘레크는 남편이 타고 갔던 사슴을 끌고 왔다. 그날 저녁 남편이 집에 왔다. 다음 날 남편은 아내 멘레크를 때리기 시작했다.

"왜 내 사슴을 데려갔어?"

"당신은 어째서 항상 사라지는 거예요? 왜 내 눈 앞에서 사라지는 거예요?"

다음 날 아침 멘레크와 남편은 다른 곳으로 거처를 옮겼다. 남편은 자신의 새 아내를 집으로 데리고 왔다. 세 사람이 함께 살게 되었다. 새 아내의 이름은 우린댜였다. 남편은 사냥을 열심히 했고 더 이상 다른 곳으로 새지 않았다. 물론 멘레크와 우린댜 두 아내가 있었기 때문이다.

남편이 사냥을 나가면 우린댜는 자신의 몸을 때리고 할퀴었다. 머리도 잡아 뜯었다. 여기저기 피가 나도록 자해를 했다. 그러고는 남편이 돌아오면 거짓말을 했다.

"당신 아내가 항상 나를 때려요."

우린댜는 남편을 속일 구실을 항상 찾아냈다. 그러면 남편은 멘레크에게 심한 매질을 했다. 거의 반쯤 죽을 정도로 때렸다. 멘레크는 울었다. 남편은 멘레크를 남겨 두고 새 아내와 함께 다른 곳으로 거처를 옮겼다. 두 사람은 새 거처로 옮겨 와서 잠자리에 들었다. 우린댜가 남편에게 말했다.

"당신 머리에서 이를 찾아 줄게요."

"좋아. 찾아 줘."

우린댜는 남편의 머리에서 이를 찾아서 던졌다. 남편은 잠이 들었다. 우린댜는 남편을 죽인 후 새로운 곳으로 거처를 옮길 생각이었다. 한편 멘레크는 두들겨 맞은 채 누워 있었다. 일어날 수도 없었다. 멘레크는 계속 누워서 울었다. 그렇게 오랫동안 울다가 잠이 들었다. 갑자기 어디선가 노랫소리가 들렸다. 그녀는 생각했다.

'내가 잠을 자고 있는 건가? 이게 꿈이야 생시야?'

그녀의 귀에 계속해서 노랫소리가 들렸다.

멘레크야! 친구야! 울지 마.
멘레크야! 친구야! 내일 아침 날이 밝으면 사슴을 찾아.
사슴을 타고 우린댜가 간 곳으로 가.
우린댜가 네 남편을 죽였어.
멘레크야! 친구야! 울지 마.
우린댜 뒤를 밟아.
우린댜 집에 도착하면 사슴이 뒷발질을 치기 시작할 거야.
뒤를 돌아보지 마.
멘레크야! 친구야!

멘레크는 잠에서 깼다. 누가 이런 노래를 불렀을까 하고 생각했다.

"날이 밝았으니 사슴을 찾으러 가야겠다."

멘레크는 한 살 된 사슴을 찾아서 붙잡은 다음 안장을 얹었다. 사슴을 타고 우린댜가 간 곳을 따라갔다. 도중에 남편의 시체를 발견했다. 조금 더 가니 우린댜의 집이 나왔다. 멘레크가 하룻밤을 묵고 가려고 잠시 멈추자 사슴이 뒷발질을 치기 시작했다. 멘레크는 사슴의 등에서 떨어졌고 사슴은 그만 달아나 버렸다. 멘레크는 떨어지자마자 뒤를 돌아보았다. 사슴을 놓친 후 울음을 터뜨렸고 자신도 모른 채 잠이 들었다.

멘레크야! 친구야! 울지 마.
내가 절대 뒤를 돌아보지 말라고 했잖아.
내일 아침 다시 길을 떠나. 집에 도착하면
멘레크야! 친구야! 우린댜의 집에 도착하면
절대 돌아보지 마.
절대 한 번도 돌아보지 마.
멘레크야! 친구야!

멘레크는 노랫소리를 듣고 자신이 사슴을 놓쳤다고 생각했다. 주위는 조용했다. 날이 밝자 그녀는 눈을 떴다. 앞에 그 사슴이 있었다. 사슴을 타고 앞으로 나아갔다. 이제 절대로 사슴을 놓치지 않고 뒤를 돌아보지 않겠다고 생각했다. 집에 가까이 오자 사슴은 뒷발질을 치며 날뛰기 시작했다. 멘레크는 사슴의 등에서 떨어졌고 자신도 모르게 뒤를 돌아보았다. 사슴은 달아났다. 멘레크는 울기 시작했고 자신도 모르게 잠이 들었다.

멘레크야! 친구야! 내가 말했잖아.

사슴이 뒷발질을 쳐도 놓치지 말라고.

다시 한번 해 봐. 멘레크야!

우린다 뒤를 쫓아.

우린다 집에 도착하면 활과 화살을 찾아.

활과 화살을 가지고 사슴을 타고 가.

사슴을 놓치지 말고

뒤를 돌아보지 마.

다시 한번 해 봐. 멘레크야! 친구야!

다음 날 아침 멘레크는 잠에서 깼다. 옆에는 사슴이 서 있었다.

'만일 또 뒤를 돌아보면 지는 거야.'

멘레크는 사슴을 타고 출발했다. 우린다의 집에 도착했다. 물건을 놓는 곳의 뚜껑을 열었다. 그 밑에 기둥이 있었다.

"뭐라고 말했지? 무엇을 찾으라고 했지? 아무것도 없는 것 같은데? 노래에서 뭐라고 했지?"

멘레크는 열심히 찾았다. 거기에는 활과 화살, 칼 등 남편의 물건이 있었다. 그 모든 것이 기둥 밑에 파묻혀 있었다. 멘레크는 조심스럽게 행동했다.

"집 옆을 지나갈 때 사슴을 놓치지 말아야지. 만일 다시 사슴을 놓치더라도 뒤를 돌아보지 말아야지."

집 옆을 지나갈 때 사슴은 뒷발질을 치며 날뛰기 시작했다. 멘레크는 사슴에게서 떨어졌고 손에서 고삐를 놓쳤지만 뒤를 돌아보지 않았다. 땅에 누워서 일어나지 않고 다시 노랫소리가 들릴 때를 기다렸다.

"좋아. 기다리자."

그때 갑자기 앞에서 발자국 소리가 들렸다.

"멘레크! 왜 누워 있어? 일어나."

멘레크는 목소리를 듣자 벌떡 일어났다. 남편의 목소리였다. 남편이 사슴을 끌고 왔다.

"타! 가자!"

두 사람은 우린다를 따라잡았다. 멘레크의 남편은 우린다를 죽여 불에 태웠다. 두 사람은 새로운 장소로 거처를 옮긴 후 예전처럼 살았다.

그날 저녁 우린다가 다시 살아났다. 우린다의 울음소리가 들렸다.

"흑! 흑! 흑!"

우린다가 그들 뒤를 따라왔다. 멘레크의 남편은 우린다를 다시 죽여 불에 태웠다.

다음 날 아침 멘레크와 남편은 다시 다른 곳으로 거처를 옮겼다. 해가 지자 다시 우린다의 울음소리가 들렸다.

"흑! 흑! 흑!"

멘레크의 남편은 다시 우린댜를 죽여 불에 태웠다. 우린댜는 세 번 죽임을 당한 후 더 이상 나타나지 않았다. 멘레크와 남편은 새로운 장소로 거처를 옮겼다.

아침 일찍 갑자기 똑똑 두드리는 소리와 발소리가 들렸다. 한 처녀가 사슴을 타고 가고 있었다. 멘레크의 남편이 따라갔다.

처녀가 말했다.

"더 이상 그러지 않을게요."

그때부터 그 처녀는 정상적인 여자가 되었고 멘레크의 남편은 그 처녀를 죽이지 않았다. 멘레크의 남편은 그 처녀를 신부로 맞이했다.

한 마리 개

한 남자가 아내와 아들과 함께 살았다. 어느 날 남자는 사냥을 갔다. 남자는 사냥에서 돌아와 아내에게 말했다.

"내가 야생 사슴 한 마리를 죽였어. 당신이 가서 사슴을 잘라서 고기를 가지고 와."

남자의 아내는 고기를 가지러 갔다. 아내는 항상 고기를 가지러 가서 썰매에 싣고 오곤 했다. 아내가 고기를 실으려고 할 때 개 한 마리가 와서 물었다.

"어째서 당신은 그 모든 것을 혼자서 해? 어떻게 사슴을 잘랐어?"

"그냥 저절로 됐어."

"어떻게 저절로 됐어?"

"그냥 '알아서 잘려라. 썰매에 실려라'라고 말했어."

"거처를 옮길 때는 어떻게 해?"

"야란가[12]에게 '해체돼라. 모여라. 썰매에 타라'라고 말해. 그러면 모든 것이 저절로 다 돼. 그리고 사슴들더러 오라고 말해. 그러면 내가 말한 대로 그렇게 돼."

---

12) 야란가 : 유목민이 거주하는 천막 형태의 집.

"어떻게 썰매에 짐을 실어?"

"사슴의 양 뒷발의 바깥쪽을 칼로 잘라 줄을 연결해서 팽팽하게 당겨서 실어. 남편이 가라고 하는 곳으로 거처를 옮겨."

"낮에는 뭐 해?"

"가죽을 잘라. 남편이 시킨 일을 전부 해."

개는 여자를 죽인 후 머리 가죽을 벗겨서 자신의 머리에 쓰고 여자의 옷을 입었다. 그런 다음 여자의 집으로 갔다.

아들이 소리를 지르며 뛰어나왔다.

"엄마예요?"

"그래. 엄마가 왔어."

저녁에 남편이 돌아와서 말했다.

"왜 고기를 가져오지 않았어?"

"당신이 가져오세요."

"왜 내가 가져와야 해? 예전에 당신이 다 했잖아."

"피곤해요."

남편이 대신 일을 했다. 일을 마친 후 두 사람은 잠자리에 들었다.

아내로 둔갑한 개가 말했다.

"내일 무엇을 해야 하죠?"

"가죽을 잘라야지. 무슨 일이야? 몰라서 물어?"

"네. 다 할게요."

잠자리에 들기 전에 개가 말했다.

"이쪽으로 가까이 오지 마세요. 바느질 통이 있어요."

"거기 뭐가 있는데?"

"바늘이 있어요."

"뭐라고? 어째서 바늘을 거기에 둔 거야?"

"그냥요. 여기 바느질 통이 있어요."

두 사람은 잠자리에 들었다. 아침이 되자 남편이 말했다.

"사냥을 갔다 올 테니 가죽을 다 잘라서 일을 끝내. 곧 거처를 옮겨야 하니."

남편이 사냥을 떠나자마자 개는 자신이 입었던 옷을 다 벗었다.

아이는 밖에서 놀고 있었다. 개는 아이를 쫓아다니기 시작했다. 쫓아다니면서 계속 짖었다. 아이는 놀랐다. 개는 더 세게 짖으며 아이를 쫓아다녔다. 아이는 집 주위를 뛰어다녔고 개는 아이를 쫓아다녔다. 아이가 울면서 소리를 질렀다.

"엄마! 엄마!"

아무도 대답하지 않았다. 아이는 집으로 뛰어 들어갔다. 집에는 아무도 없었다. 아이는 계속 소리를 지르며 개를 피해 불 주위를 뛰어다니기 시작했다. 밖은 어두워지고 있었다. 남편이 사냥에서 돌아왔다. 아이가 아버지를 마중하러 밖으로 뛰어 나갔다. 그때 개는 아내 옷을 다시 입고 음식을 만들기 시작했다. 엄마가 밖으로 나오자 아이가 아버지에게 말했다.

"아버지! 집에 혼자 있지 않을래요. 아버지랑 같이 갈래요."

"왜?"

"개가 나를 쫓아다녀요. 아버지가 나가면 바로 나를 뒤쫓기 시작해요. 엄마는 웬일인지 없어요. 이상한 개예요. 내가 도와 달라고 아버지를 불렀어요."

남편은 아무 말도 하지 않았다. 아들의 말을 믿지 않았다. 다음 날 아침에도 예전과 똑같은 일이 되풀이되었다. 사냥에서 돌아온 남편이 아내에게 물었다.

"어째서 아무것도 하지 않았어?"

"너무 피곤해요."

남편은 놀랐다. 그리고 생각했다.

'이상하다. 아들이 말한 게 사실인가? 왜 그녀는 집에서 아무 일도 하지 않지? 왜 아이를 쫓아다니지?'

아침에 남편이 아내에게 말했다.

"오늘 거처를 옮겨야 해. 저기로 가서 정착해. 사슴도 직접 붙잡아. 나는 좀 늦게 새 집으로 갈게."

남편은 사냥을 갔다. 아내로 둔갑한 개는 사슴을 붙잡아 양 뒷발의 바깥쪽을 잘라 끈으로 묶었다. 사슴들은 고통스러워 뒷발질을 치기 시작했다. 개는 장대 위로 기어 올라가 소리를 질렀다.

"천막아! 스스로 해체되어라. 그리고 차곡차곡 쌓여라!"

아이가 말했다.

"엄마! 빨리 짐을 싸요!"

"천막아! 스스로 해체되어라. 그리고 차곡차곡 쌓여라!"

아이는 엄마가 하는 말을 계속 듣고 있다가 말했다.

"엄마! 제발 짐을 싸요! 예전에는 엄마가 다 잘했잖아요!"

그러나 개는 계속 소리만 질렀다. 그렇게 아무것도 하지 않았다. 날은 이미 어두워졌다. 개는 천막에서 내려왔다. 내려와서는 다시 아이를 쫓아다녔다. 남편이 집에 왔다. 아이는 아버지를 맞이하러 뛰어 나갔다. 개는 다시 여자의 옷을 입었다.

"아버지! 왜 나를 데려가지 않았어요?"

"왜 거처를 옮기지 않았니?"

"엄마가 집을 해체하지 못했어요."

"왜 사슴의 뒷발을 잘랐어? 왜 그렇게 했어?"

"엄마가 사슴의 양발을 묶으려고 했어요."

"왜 거처를 옮기지 않았어?"

"엄마가 집을 해체하지 못해서요."

남편이 아내에게 말했다.

"도대체 무슨 일이 생긴 거요?"

아이는 아버지와 함께 잠자리에 들었다. 아내가 말했다.

"조심하세요. 여기 바늘이 든 통이 있어요."

개는 남편이 자신의 꼬리 위에 누울까 봐 미리 주의를 주었다.

남편이 아이에게 물었다.

"왜 이사를 가지 않았어?"

"엄마가 천막을 해체하지 않았어요. 엄마가 장대 위에 올라가 천막더러 스스로 해체되라고 소리를 질렀어요. 그리고 알아서 쌓이라고 소리를 질렀어요."

"그런데 왜 사슴의 발을 잘랐어?"

"엄마가 사슴의 발을 자른 후 줄을 꿰어 묶었어요. 엄마는 집을 해체할 수 없었어요. 엄마는 다시 개로 변해서 나를 쫓아다니고 짖기 시작했어요."

그제야 남편은 아들의 말을 믿었다.

아침에 남편은 사냥을 하러 가는 척한 다음 가지 않고 깎아 놓은 양털 속에 숨어 귀를 기울였다. 그 전에 남편은 아내에게 거처를 옮기라고 시켰다. 진짜 아들이 말한 대로였다. 아내는 장대 위로 올라가서 소리를 지르기 시작했다. 아내가 사슴들을 서로 묶어 놓자 사슴들은 뒷발질치기 시작했다. 조금 후 아들의 울음소리가 들렸다. 남편은 양털 속에서 몰래 밖을 바라보았다. 아들이 개를 피해 집 주위를 뛰어 다녔다. 아들은 집 안으로 뛰어 들어가서 엄마와 아버지를 부르기 시작했다.

"아버지! 아버지! 엄마! 엄마!"

그때 남편이 집으로 들어갔다. 정말로 개가 아들 뒤를 따라다니고 있었다. 남편이 개를 잡아서 죽였다. 남편은 아내의 머리 가죽과 얼굴을 보았다. 옷은 피범벅이었다.

"옆에 눕지 말라고 한 것이 자신의 꼬리에 대해 말한 것이었어."

남편은 아내를 찾으러 갔다. 예전에 아내가 남편이 사냥해 온 고기를 가지러 가곤 했던 곳으로 갔다. 그곳에 아내의 시신이 있었다. 남편은 아내를 데리고 집으로 돌아와서 자신의 사슴을 죽여 그 가죽 안에 아내의 시신을 눕혔다. 모닥불 위의 장대에 매달고 태웠다. 아들이 앉아서 그 광경을 지켜보았다.

"아버지! 뭔가 움직였어요!"

"네 엄마야."

남자는 가죽을 벗긴 후 아내의 시신을 꺼냈다. 아내가 벌떡 일어났다.

"무슨 일이 있었어요?"

아내는 남편에게 개에 대해 모두 이야기해 주었다. 이야기는 이렇게 끝난다.

은둔자

외로운 데브레가 살았다. 데브레는 가진 게 아무것도 없었다. 사슴도 없었다. 어느 날 데브레는 강으로 갔다. 강 맞은편에서 무슨 소리가 들렸다.

"다바르! 다바르! 다바르!"

강가에서 큰 버섯 하나가 빙빙 돌고 있었다. 데브레가 말했다.

"귀신이 나를 놀리는 거야."

데브레는 강을 도저히 건널 수가 없었다. 데브레는 노래하기 시작했다.

"큰 사슴이 달리네. 디렐렌고 보릴렌고. 카인 카인. 데브레가 달리네."

데브레는 사슴을 타고 강을 건넜다. 강을 건넌 후 소리를 질렀다.

"지금 곧 가서 발로 밟아 줄게."

"데베르! 데베르! 데베르!"

데브레가 발로 버섯을 밟자 발이 들러붙었다. 손으로 때리자 손도 들러붙었다. 다른 발로 밟자 또 발이 들러붙었다. 다른 손으로 때리자 또 들러붙었다. 데브레는 더 이상 아무것도 할 수 없었다. 양손과 양발이 들러붙은 채 앉아 있을 수 밖에 없었다. 헬루르겐[13]의 웃음소리가 들렸다.

"헤, 헤, 헤!"

그 버섯은 헬루르겐의 속임수였다.

"데브레! 빼빼 말라도 내가 데려갈게."

헬루르겐이 입김을 불자 데브레의 몸이 떨어졌다. 헬루르겐은 데브레를 자루에 넣고 집으로 출발했다.

"이제 배를 가득 채울 수 있게 됐어."

데브레가 물었다.

"어떻게 채울 건데?"

헬루르겐은 데브레의 말을 듣고 말했다.

"귀에서 왜 윙윙거리는 소리가 나지?"

헬루르겐은 자신의 한쪽 귀를 잘라서 먹어 버렸다.

헬루르겐은 집에 도착하자 자루를 털었다. 그리고 집을 나갔다. 데브레는 일어나서 주위를 둘러보았다. 서둘러 땅을 파기 시작했다. 문 앞까지 땅을 판 다음 문을 열고 나갔다. 집 뒤에서 헬루르겐의 아이가 사람의 허파를 먹고 있었다. 데브레는 나뭇가지로 아이를 때리며 말했다.

"네 아버지가 사람들을 죽이는 물건이 어디에 있는지

---

13) 헬루르겐 : 예벤 설화에 등장하는 사람을 잡아먹는 괴물.

말해."

아이는 너무 무서워 물건이 있는 곳을 알려 주었다. 아이가 데브레에게 커다란 쇠꼬챙이를 건넸다. 데브레는 쇠꼬챙이로 아이의 두 귀를 꿴 다음 아이를 나무 위에 앉혀 놓았다. 헬루르겐의 발자국 맞은편에 있는 나무 위에 앉혔다. 데브레는 헬루르겐의 집 옆에서 붉은 버섯을 발견했다. 맛을 보니 아주 맛있었다. 데브레는 버섯을 숨겼다.

헬루르겐이 왔다.

"헤, 헤, 헤! 내 아들! 왜 여기 앉아 있어?"

헬루르겐은 아들에게 뽀뽀하기 시작했다. 그러나 아들의 몸은 차가웠다. 아들은 죽어 있었다.

데브레는 앉아서 조용히 귀를 기울였다. 헬루르겐이 집으로 들어와서 소리를 지르기 시작했다. 그러나 집에 데브레는 없었다. 헬루르겐은 데브레의 이름을 큰 소리로 불렀다. 데브레가 구멍 아래에서 대답했다.

헬루르겐이 말했다.

"데브레! 너 어디 있어? 지금 네 간을 꺼낼 거야. 아직 따뜻할 때 꺼낼 거야."

데브레가 밖에서 소리쳤다.

"나 여기 있어. 장작을 쪼개고 있어."

헬루르겐이 밖으로 나왔다.

"어디에 있어?"

데브레는 구멍으로 미끄러지듯 내려갔다. 그리고 솥을 긁는 소리를 냈다.

"여기 있어. 집 안에 있어. 국을 끓이고 있어."

헬루르겐이 다시 집으로 들어가서 데브레를 불렀다. 그러나 데브레는 없었다. 다시 데브레를 불렀다.

데브레가 다시 소리쳤다.

"나 여기 있어. 나무를 자르고 있어."

헬루르겐은 밖으로 나왔다. 아무도 없었다.

"이제 끝이야. 더 이상은 어쩔 수 없어. 이제 데브레에게서 벗어날 거야."

헬루르겐은 밖에 자루를 놔두고 짐을 싸기 시작했다. 데브레가 그 자루로 들어갔다. 헬루르겐은 자루를 끌고 떠났다. 한참을 가다 잠시 쉬려고 앉아서 중얼거렸다.

"이제 데브레에게서 벗어날 거야."

데브레가 소리쳤다.

"어디로 도망가려고?"

헬루르겐은 데브레가 소리치는 것을 듣고 말했다.

"내 귀에서 자꾸 무슨 소리가 나는 거지?"

헬루르겐은 자신의 다른 한쪽 귀를 마저 잘라서 먹어 버렸다. 다시 얼마쯤 가다가 잠시 쉬려고 앉았다. 데브레가 두 눈을 부릅뜨고 자루에서 나왔다.

헬루르겐이 말했다.

"어째서 내 눈에 데브레가 보이는 거지?"

헬루르겐은 자신의 두 눈을 뽑아 버렸다.

헬루르겐은 다시 강을 따라 걸어갔다. 데브레가 헬루르겐을 강으로 밀었다. 헬루르겐은 물에 빠졌고 물고기가 되었다.

잠자는 사람들

한 마을에 사람들이 살았다. 그들 중에는 다리가 없는 노인이 있었다. 아들이 노인에게 말했다.

“중매를 서 주세요.”

노인이 말했다.

“좋아.”

노인은 헤엄치기 시작했다. 강으로 가서 물고기로 변했다. 물고기로 변한 노인은 강 속에서 오랫동안 헤엄을 쳤다. 수많은 낚싯바늘이 보였다. 그중 한 개를 물속에서 가지고 나왔다. 그러고는 진흙 위에 쓰러졌다. 한 남자아이가 진흙 위에 쓰러진 물고기를 가지고 가서 할머니에게 건넸다. 할머니는 물고기를 받아서 구우려고 화덕 옆에 놓았다.

물고기가 소리치기 시작했다.

“아이고! 너무 뜨거워. 왜 내 옆구리를 굽는 거요? 나는 아주 귀한 몸인데.”

할머니가 말했다.

“내가 사람을 구우려고 했나 봐.”

할머니는 물고기를 깔개 위에 던졌다. 그러자 물고기는 다시 사람으로 변했다. 할머니가 먹을 것을 대접했다. 노인이 말했다.

“나는 다리가 없어서 물고기로 변해 여기까지 헤엄쳐 오게 되었소. 내 아들의 중매를 서기 위해 여기 온 것이오.”

할머니가 말했다.

“내일 데려가세요.”

할머니는 노인을 바라보았다. 한쪽 옆구리가 온통 탔다.

다음 날 아침이 되자 할머니가 한 아가씨를 내주었다. 노인은 강까지 기어서 가려고 했지만 할머니는 사슴도 내주었다. 노인은 사슴을 타고 아가씨를 데리고 갔다. 마을에 도착하자 바로 결혼식이 거행되었다. 아가씨를 사슴에 태우고 천막 주위를 돌았다. 카간칸[14)]이 아가씨의 머리 위로 화살을 열 번 쏘았다. 그것이 이 종족의 관습이었다. 아가씨는 카간칸 족장의 아들 뉸구예에게 시집을 갔다. 두 사람은 잘 살았다.

겨울이 되었다. 아내는 날이 추워 주위가 꽁꽁 얼자 잠을 자기 시작했다. 뉸구예는 아내와 함께 처갓집에 가려고 했다. 두 사람은 출발했다. 마을이 가까워 오자 뉸구예는 아내를 남겨 둔 채 혼자서 갔다. 뉸구예가 아내의 집에 도착했다. 그런데 무슨 일인지 불이 꺼져 있었다. 뉸구예는 집으로 들

---

14) 카간칸 : 유목 집단의 우두머리.

어갔다. 모두들 털옷을 입은 채로 앉아서 잠자고 있었다. 코에는 고드름이 삐죽 나와 있었다. 할머니에게 다가가서 고드름을 깼다. 사람들은 잠든 것이 아니라 죽어 있는 것이었다.

눈구예가 아내에게 갔다. 아내가 웃으며 물었다.

"식구들이 무엇을 하고 있던가요?"

눈구예가 대답했다.

"다들 죽어 있더군."

아내가 말했다.

"죽은 게 아니에요. 우리는 원래 그래요. 식구들을 깨우려면 불을 피워야만 해요."

아내가 물었다.

"당신, 식구들을 건드리지 않았죠?"

"응. 당신 어머니만 살짝 건드려 보았을 뿐이오."

"만일 당신이 엄마 코의 고드름을 부러뜨렸으면 아마도 죽었을 거예요."

"내가 부러뜨렸는데."

아내는 통곡하기 시작했다. 다음 날 아침 두 사람은 아내의 친정집으로 갔다. 아내가 말했다.

"불을 피우세요. 그러면 식구들이 깨어날 거예요."

눈구예는 불을 활활 피웠다. 그러나 식구들은 움직이지

않았다. 조금 후 따뜻해지자 모두들 일어났다. 그리고 눈구예와 인사를 나누었다.

아내의 어머니는 깨어나지 않았다. 모두들 그녀의 죽음을 애도했다. 성대한 장례식이 치러졌다.

귀신 사위

한 남자가 살았다. 그에게는 아내와 두 아들 그리고 딸 하나가 있었다. 남자는 그렇게 나이가 많지 않았다. 딸은 너무 예뻐서 모든 청년들이 구애를 했다.

하루는 아주 멀리서 한 청년이 남자의 집에 와서 이야기하기 시작했다.

남자가 청년에게 물었다.

"집이 어디요?"

"여기서 멀지 않아요."

청년은 집으로 떠날 채비를 하면서 남자에게 말했다.

"내일 다시 올게요. 음식과 여우 털을 가지고 올게요."

청년은 정말로 청설모, 여우, 북극여우 털을 가지고 와서 남자에게 주고 다시 자신의 집으로 갔다. 청년이 떠나자 남자가 딸에게 말했다.

"훌륭한 청년인 것 같구나. 그렇지?"

"네. 훌륭해요."

"가족을 잘 먹여 살릴 것 같지? 그에게 시집가거라."

"네. 아버지 말이 맞아요. 시집갈게요. 그의 집에는 먹을 것이 많을 것 같아요."

"만일 내일 그가 오면 그를 따라가렴."

"네. 그렇게 할게요."

다음 날 아침 청년은 많은 음식과 여우, 청설모 털을 가지고 왔다.

남자가 청년에게 물었다.

"내 딸을 어떻게 생각하나?"

"저도 더 이상 혼자 사는 것이 싫어요. 집에 들어오면 항상 추워요."

"내 딸을 아내로 맞이하고 싶은가?"

"네. 그렇게 하고 싶습니다."

남자가 딸에게 다시 물었다.

"이 청년에게 시집가겠니?"

"네. 시집갈래요. 먹을 것을 많이 가져오니까요."

청년은 가만히 서서 남자의 말을 들었다. 남자가 청년에게 말했다.

"가서 내 딸 옆에 앉게. 딸과 무슨 얘기든 하게."

청년은 처녀에게 다가가 옆에 앉았다. 그러나 아무 말도 하지 않고 잠자코 있었다.

남자가 청년에게 말했다.

"내 딸을 껴안고 입을 맞추게."

청년은 처녀와 입을 맞춘 후 처녀에게 말했다.

"나와 같이 갈래요?"

처녀가 말했다.

"그렇게 할게요."

두 사람이 떠날 때 처녀의 아버지가 청년에게 말했다.

"언제 올 건가?"

"열흘 후에 올게요."

처녀와 청년은 떠났다. 남자가 아들들에게 말했다.

"그와 힘을 겨루어라. 그가 오면 어떻게 힘을 겨루고 싶으냐고 물어보거라."

열흘 후 사위가 딸과 함께 많은 고기와 여우 털을 가지고 왔다.

남자가 사위에게 말했다.

"내 아들들과 힘을 겨루어 보게."

"제가 모레 올 테니 그때 힘을 겨룰게요."

사위와 딸은 떠났다. 남자가 다시 아들들에게 말했다.

"이리 와 보거라. 너희는 턱까지 온몸을 가릴 철로 된 조끼를 만들어라. 아주 튼튼하게 만들어. 조그만 실수라도 하게 되면 너희는 죽을 거야."

갑자기 남자는 예전 같지 않은 불길한 생각이 들었다.

"네 누이의 남편이 귀신인 것 같아. 너희는 무섭지 않니?"

남자의 아들들은 철로 갑옷을 만들어 입었다. 사흘째 되는 날 사위가 왔다. 아주 힘이 넘쳐 났다. 딸도 같이 왔다.

남자의 사위는 우쭐대며 물었다.

"누가 먼저 시작할까요?"

막내아들이 말했다.

"자네가 먼저 시작해."

"형님이 그렇게 말하시니 제가 시작할 수밖에 없네요."

막내아들이 누웠다. 남자의 사위가 막내아들을 때리고 잡아당기자 갑옷이 부서졌다. 또다시 때렸다. 아무렇지도 않았다. 세 번째로 때렸다. 막내아들의 갑옷의 겉에 있는 층이 망가졌다. 막내아들이 말했다.

"됐어. 충분해. 나를 죽일 셈이야? 이제 자네가 누워."

사위가 눕자 막내아들이 때렸고 가슴을 세게 잡아당겼다. 사위가 말했다.

"가슴을 치료하러 가야겠어요. 사흘 후에 다시 올 테니 그때 싸워요."

남자의 사위는 가슴의 상처를 치료하러 떠났다.

남자가 아들들에게 말했다.

"나무로 허수아비를 만들어라. 사람을 닮게 만들어. 얼굴도 그려라."

남자의 아들들은 사람을 닮은 허수아비를 만들었다. 사흘째 되는 날 남자의 사위가 왔다. 아들들은 숲에 숨었다.

아무도 없는 듯 꾸몄다. 이번에는 창을 서로에게 던지는 시합을 하기로 했다. 여자가 오빠들과 남편의 시합을 보려고 왔다.

사위가 장인에게 말했다.

"누가 먼저 던져요?"

"저기 장대 뒤에 내 아들이 서 있어. 자네가 먼저 던지게. 자, 던져!"

사위가 창을 던졌다. 그러나 아들은 미동도 하지 않았다.

사위가 말했다.

"맞힐 수가 없어요. 이제 형님이 던질 차례예요."

남자의 큰아들이 창을 던져 자신의 여동생 남편의 팔꿈치를 맞혔다. 팔꿈치가 떨어져 나갔다.

사위가 외쳤다.

"아파요! 팔이 아파요. 참을 수가 없어요. 치료하러 집으로 가야겠어요."

큰아들이 물었다.

"또 올 거야? 사흘 후에 와. 시합을 끝낼까 아니면 계속할래?"

"다시 와서 시합해요."

"그러면 내 동생과 겨루게 될 거야. 내 동생은 숲에 있어. 어디든 닥치는 대로 다녀."

“팔이 다 나으면 사흘 후에 다시 올게요.”

사위는 아내와 함께 떠났다가 사흘 후 다시 왔다.

“누구랑 겨루죠?”

큰아들이 말했다.

“내 동생과 겨루게 될 거야. 동생을 자네에게 보여 줄게. 동생은 벙어리야.”

“어디에 있는데요?”

“여기서 가까워.”

큰아들과 사위는 걸어서 호숫가까지 왔다. 관목 옆을 지나가니 둘째 아들이 보였다.

“저기 내 동생이 앉아 있어. 태어날 때부터 저렇게 이상했어.”

큰아들은 토끼를 가리켰다.

“바로 저기 내 동생이 앉아 있어.”

토끼는 숲으로 달아났다. 큰아들이 사위에게 말했다.

“빨리 뛰어가서 그를 잡아.”

사위는 토끼를 뒤쫓았다. 계속해서 달렸지만 잡을 수가 없었다.

“둘째 형님은 너무 빨라요. 제가 졌어요.”

두 오빠가 여동생에게 물었다.

“네 남편을 어떻게 하면 죽일 수 있니?”

"우리 집에서 멀리 떨어진 강가에 고원이 하나 있어요. 그 고원 끝에 큰 자작나무가 서 있어요. 그 나무를 베세요. 자작나무 뿌리에 토끼가 앉아 있을 거예요. 그 토끼를 잡으세요."

두 오빠는 여동생의 남편이 사람이 아니라 귀신이라는 것을 알아차렸다. 그도 아내의 오빠들이 자신의 정체를 알고 있다는 것을 알아차리고는 자신이 귀신임을 자백했다.

"저 강가에 고원이 있어. 거기에 큰 자작나무가 서 있을 거야. 자작나무 뿌리에 있는 토끼를 죽여. 토끼 배를 가르면 살아 있는 오리가 있을 거야. 그 오리를 죽여. 자작나무를 뿌리까지 잘라 내. 토끼와 오리를 불에 던져. 그러면 내가 죽을 거야."

노인의 세 아들

아버지와 세 아들이 살았다. 세 아들은 용감한 사냥꾼이었다. 어느 날 큰아들이 밖으로 나갔다가 조금 후 집으로 다시 뛰어 들어와서 활과 화살을 챙겼다. 아버지가 아들의 그런 모습을 보고 말했다.

"어디 가려고?"

"방금 전에 뿔 달린 사슴이 이 근처를 지나갔어요. 그것을 잡으려고요."

아버지는 마음에 걸리는 것이 있어 아들에게 말했다.

"가지 마. 불길한 꿈을 꾸었어."

"무슨 꿈인지 말해 주세요."

"네가 온통 찢기고 피투성이가 된 채 숲에 누워 있었어. 그래서 아무 데도 가지 말라고 말한 거야."

"저는 꿈 같은 거 믿지 않아요."

아들은 밖으로 뛰쳐나갔다. 뿔 달린 사슴을 찾아 나섰다. 사슴 발자국을 찾아서 그리 오래 걸어갈 필요도 없었다. 사슴을 잡아 고기를 부위별로 잘랐다. 불을 피운 후 사슴 고기를 구웠다. 어두워지기 시작했다.

아들이 고기를 먹으려고 앉자마자 갑자기 어디선가 불

있는 데서 노파가 나타났다. 옷은 다 찢기고 구겨져 있었고 군데군데 삐죽삐죽 불거져 나온 뼈를 가리고 있었다. 엉겨 붙은 백발이 얼굴을 덮었고 입은 삐뚤어져 있었으며 썩은 이 네 개가 툭 튀어 나왔다. 노파의 모습은 너무 무서워서 바라보기조차 힘들었다. 노파가 말했다.

"아! 내가 시간을 잘 맞추어 왔어. 사슴을 죽인 시간을 잘 맞추어 왔어. 이 노인에게 신선한 고기를 대접하렴. 부디 네가 피운 불 옆에서 하룻밤을 자게 해 다오. 밤에는 껌껌해서 집으로 갈 수가 없어."

아들이 대답했다.

"드세요. 음식은 많아요. 불 옆에서 하룻밤을 주무세요."

노파는 음식을 먹은 후 잠자리에 들 채비를 했다. 노파는 이불을 달라고 했다. 청년은 이불 대신 짐승의 털가죽을 주었다.

청년이 노파에게 말했다.

"베개는 없어요."

"그러면 네 활을 주렴. 베개 대신 벨게."

청년은 노파에게 활을 건넸다. 두 사람은 잠자리에 들었다. 한밤중에 청년은 와드득거리는 소리에 잠을 깼다. 청년이 노파에게 물었다.

"왜 와드득거리는 소리를 내세요?"

"아무 일도 아니니 자. 나는 잠잘 때 이를 와드득와드득 갈아."

청년은 다시 잠들었다. 아침에 노파가 소리를 질렀다.

"곰! 늑대! 어디로 갔어? 빨리 이리 와! 청년이 깼어!"

"아! 노파! 당신 귀신이구만! 내 활 어디 있어? 내 활 내놔!"

노파는 청년에게 절반이 부서진 활을 내주었다. 밤중에 노파가 활을 이로 물어뜯은 것이다. 청년이 주위를 돌아볼 겨를도 없이 양옆에서 곰과 늑대가 청년을 에워쌌다. 그러고는 청년을 물어뜯어 죽였다.

두 동생은 큰형을 기다렸다. 다음 날 아침이 되어도 형은 돌아오지 않았다. 이틀 후 둘째 아들이 집 옆에서 사슴의 발자국을 보았다. 둘째 아들은 바로 활을 가지러 집으로 갔다. 아버지는 아들이 나갈 준비를 하는 것을 보고 물었다.

"어디 가려고?"

"집 근처에서 사슴 발자국을 보았어요. 사슴을 잡아서 올게요."

"아무 데도 가지 마. 오늘 꿈이 좋지 않았어."

"무슨 꿈을 꾸었는데요?"

"네가 상처투성이로 피를 흘리며 땅바닥에 누워 있었어. 그래서 아무 데도 가지 말라고 한 거야."

"나이 드신 분이 꾼 꿈에 대해 뭐라고 할 수 있겠어요? 모두 별거 아니에요.”

둘째 아들은 그렇게 말한 후 활을 들고 밖으로 뛰어나갔다.

둘째 아들은 사슴 발자국을 따라갔다. 집에는 아버지와 막내아들만 남았다. 밤에 아버지는 한잠도 자지 않고 사냥을 간 아들들을 기다렸다. 다음 날 아침 막내아들은 집 옆에서 사슴의 발자국을 보았다. 막내아들은 활을 가지러 집으로 뛰어 들어갔다. 집으로 들어가서 활을 들고 밖으로 나가려고 할 때 아버지가 아들의 팔을 잡았다.

“어디를 가려고?”

“집 근처에서 사슴 발자국을 봤어요. 사슴을 잡으러 갈게요.”

“그것은 진짜 사슴의 발자국이 아니야. 그것은 귀신의 발자국이야. 네 형들도 어딘가에서 실종되었어. 너무 위험해.”

“저도 그것이 사슴의 발자국이 아니라는 것을 알아요. 저도 깜짝 놀랐어요. 왜 그 발자국이 우리 집을 따라 나 있을까요? 형들은 어디로 사라졌을까요? 가서 알아보고 싶어요.”

“알았다. 가라. 그러나 부디 조심해야 한다.”

막내아들은 사슴의 발자국을 따라갔다. 세 개의 산을 넘었다. 세 번째 산비탈 아래에서 사슴을 발견하고 화살을 쐈다. 막내아들은 사슴 고기를 자르고 불을 피웠다. 어두워졌다. 불에 고기를 넣은 냄비를 올려 끓였다. 냄비에서 막 고기를 꺼내려고 하는데 불 맞은편에 한 노파가 조용히 앉아 있는 것이 보였다. 노파는 너무나 무섭게 생겨서 바라볼 수도 없었다. 더럽고 헝클어진 머리카락이 얼굴을 가리고 있었다. 입은 삐뚤어졌고 눈은 하나밖에 없었고 크고 검은 이가 사방에서 삐죽 나와 있었다. 막내아들은 바로 알아차렸다.

'저 노파가 사람을 잡아먹는 귀신이야. 형들을 죽였고 나도 잡아먹으려고 해. 사슴도 속임수야. 유령 사슴이야.'

막내아들은 그렇게 생각한 후 손을 피로 씻고 사슴 고기를 먹지 않기로 결심했다. 귀신이 말했다.

"내가 시간을 잘 맞추어 와서 너무 기뻐. 네가 벌써 사슴 고기를 다 잘랐구나."

노파는 무언가를 이야기하려고 애썼으나 막내아들은 잠자코 앉아서 아무 말도 하지 않았다. 그는 노파의 동작을 하나도 놓치지 않으려고 주의 깊게 관찰하느라고 땀범벅이 됐다. 노파 귀신이 말했다.

"어째서 아무 말도 하려고 하지 않니? 왜 나에게 고기를 대접하지 않니? 고기가 아깝니?"

"고기는 아깝지 않아요. 아주 많은걸요."

"네 형들은 아무것도 아까워하지 않았어. 훌륭한 젊은이들이었어."

"어디에서 형들을 봤어요?"

"여기에서 멀지 않은 곳에 있어. 사슴을 아주 많이 사냥했어. 거기 아직 있어."

막내아들은 잠자코 노파의 말을 들으며 노파가 거짓말을 한다고 생각했다. 노파가 말했다.

"어두워서 집에 갈 수 없을 것 같아. 여기서 자고 가게 해줘. 네 이불과 털가죽과 활을 좀 빌려줘."

청년은 사납게 대답했다.

"당신에게 아무것도 주지 않을 거야. 내 부모님이 누구에게도 아무것도 절대 주지 말라고 항상 당부하셨어. 당신은 나에게서 아무것도 얻지 못할 거야."

노파는 잠이 들었다. 청년도 잠이 들었다. 청년은 한밤중에 바스락거리는 소리에 깼다. 노파가 숨겨 놓은 활과 화살을 찾으려고 애쓰고 있었다. 청년이 노파의 머리카락을 잡았다.

"이 사람 잡아먹는 귀신이 나도 먹으려고 하네!"

청년은 더 세게 노파의 머리카락을 잡아당겼다.

"곰아! 늑대야! 이리 와!"

노파가 그렇게 부르자마자 바로 곰과 늑대가 달려왔다. 짐승들은 혀를 쭉 빼고 있었다. 땀범벅이 되어 있었고 피곤해 보였다. 막내아들은 노파의 머리카락을 나무에 묶었다. 그리고 화살을 쏴 늑대와 곰을 죽였다. 막내아들이 노파에게 말했다.

"이제 내 형들이 어디에 있는지 빨리 말해."

"나는 몰라."

막내아들은 자작나무를 뿌리째 뽑아 노파를 때렸다. 아직 자작나무 껍질은 벗겨지지 않았다.

"만일 내 형들이 있는 데를 말하지 않으면 매일 너를 때릴 거야. 주위에 자작나무도 많아."

노파는 겁이 났다.

"곰과 늑대가 네 형들을 잡아먹었어."

막내아들은 칼로 곰과 늑대의 배를 갈랐다. 형들의 뼈를 모아서 쌓았다. 막내아들이 노파에게 말했다.

"이제 너는 이 뼈와 살을 합쳐서 형들을 살려 내야 해."

"어떻게 뼈와 살을 합쳐서 네 형들을 살려 낼 수 있어? 나는 네 형들을 결코 살려 낼 수 없어."

막내아들은 자작나무 가지를 가지고 와서 불에 달군 다음에 노파를 오랫동안 더 세게 때렸다.

"기다려! 숨 좀 돌리게 해 줘."

노파가 청년에게 간청했지만 청년은 더 세게 때리기 시작했다.

"네가 형들을 살려 놓지 않으면 계속해서 때릴 거야."

노파는 더 이상 참을 수가 없었다.

"알았어. 그만해. 네가 때리지 않으면 살려 놓을게."

"빨리 살려 내. 오래 기다리지 않을 거야."

"여기에서는 살려 낼 수 없어. 여기에서 멀리 떨어진 곳에 생명의 물이 있는 호수가 있어. 그 호수에서 생명의 물을 가지고 와서 뼈에 끼얹어. 그러면 형들은 살아날 거야. 지금 당장 떠나."

청년이 대답했다.

"네가 나를 인도해. 너랑 같이 가면 더 빨리 도착할 수 있을 거야."

"그렇게 할 수 없어. 나는 너무 늙어서 힘이 없어."

청년은 다시 노파를 때리기 시작했다. 그러자 노파가 말했다.

"그만 때려. 네가 시키는 대로 다 할게."

청년이 미처 주위를 돌아볼 새도 없었다. 그들 앞에 얼룩소가 한 마리 서 있었다. 노파가 소로 변한 것이다. 청년이 소에 올라탔다. 청년의 한쪽 귀만이 가볍게 흔들렸다. 그는 이미 높이 날아올랐다. 노파가 날면서 말했다.

"저기를 봐. 저기 보이는 것이 생명의 물이 있는 호수야."

노파는 호숫가로 내려가서 앉았다.

"형들을 살릴 물을 여기에서 퍼."

청년은 노파의 말을 믿지 않았다. 노파의 말이 맞는지 시험해 보기 위해 청년은 활을 들어 날아가는 새를 쏘았다. 새가 호수에 떨어지자 호수는 타오르기 시작해서 불로 변해 버렸다. 그러자 청년은 노파를 꽉 붙잡았다.

"나를 속였지?"

청년은 더욱 세게 노파를 때리기 시작했다.

노파가 애원했다.

"때리지 마. 내가 착각했어. 내가 길을 잘못 들어 여기로 날아왔어. 그 호수가 어디에 있는지 이제 생각났어."

청년은 이미 하늘 높이 날고 있었다. 노파는 큰 호수 옆에 착륙했다.

"바로 이게 생명의 물이야. 물을 담아."

청년은 역시 노파의 말을 믿지 않았다. 자신의 자작나무 회초리를 호수에 던졌다. 호수에 빠진 회초리에서 바로 뿌리와 가지, 잎사귀가 자라났다. 사방에서 새들이 날아와서 자작나무에 앉았다. 청년은 새들 중 한 마리를 쏘았다. 새가 호수에 떨어져 물에 닿자마자 바로 위로 날아올랐다. 더 아름다워진 새는 자작나무로 날아갔다. 진짜 생명의 물이 있는 호수였다. 청년은 호수 근처의 자작나무 가지를 베어 그릇을 만들어 물을 그릇에 퍼 담았다. 노파가 청년에게 부탁했다.

“물을 좀 마시게 해 줘. 나는 힘이 없어. 우리는 다시 돌아가야 하잖아.”

청년은 자작나무 가지로 더 세게 노파를 때렸다.

“나를 또 속이려고 하는구나. 그래서 물을 달라고 하는 거지?”

“제발 때리지 마. 더 이상 아무 부탁도 하지 않을게. 더 이상 속이지 않을게. 내가 졌어.”

청년은 노파의 등에 올라탔다. 얼마나 빨리 날던지 정신이 없었다. 정신을 차려 보니 이미 도착해 있었다. 청년은 형들의 뼈를 추린 다음 생명의 물을 끼얹었다. 형들이 바로 살아났다. 형들이 눈을 비비며 말했다.

“우리가 너무 오랫동안 잠을 잤나 봐.”

형제들은 귀신을 불에 태워 그 재를 땅에 묻었다. 그 후 형제들은 더 잘 살게 되었다.

이웃 남자

한 예벤인이 있었다. 그에게는 아내와 아이가 하나 있었다. 그는 아주 민첩한 사냥꾼이었다. 게다가 아주 부자였고 사슴도 많이 가지고 있었다. 그는 굶주리는 일 없이 잘살았다. 어느 날 그는 사슴을 사냥하러 갔다. 그가 사슴의 발자국을 따라가는데 뒤에서 갑자기 곰이 나타나 그의 목덜미를 잡고 얼굴을 공격했다. 그러나 남자 역시 힘이 장사여서 칼로 곰의 배를 찔러 죽였다. 남자는 간신히 집까지 와서는 죽고 말았다. 아내는 울었다. 이제 남편이 없으니 아무것도 할 수 없을 것이다. 아내는 구덩이를 파고 남편을 묻었다. 아내는 생각에 잠겼다.

'여기서 이주를 하긴 해야 하는데. 사슴을 붙들어서 불이 꺼지기 전에 아이가 깨서 울기 전에 가야 하는데. 지금 이주를 하게 되면 어두워질 거야. 그래. 어떻게든 봄까지만 견디자. 봄에는 따뜻해지니까. 봄에는 어두워지기 전에 사슴을 잡을 수 있어.'

겨울이 갔다. 여자는 봄이 되자 이주하기로 결심했다. 여자는 예벤인들의 여름 부락에 도착해서 살기 시작했다. 한 남자가 여자에게 말했다.

"함께 삽시다."

"좋아요."

두 사람은 함께 살기 시작했다. 남자는 아팠다. 몇 년이 흘렀지만 여자는 아기를 낳지 못했다. 남편은 여자가 데려온 아이를 싫어했다. 아이는 자라 소년이 되었다. 양아버지는 항상 소년에게 사슴을 돌보게 했다. 소년이 집에 돌아오면 양아버지는 또 나무를 해 오게 하고 물을 길어 오게 했다. 엄마가 아파서 사슴을 돌보는 것은 항상 소년의 일이었다. 사슴 수는 줄어들었다. 달아나거나 야생 사슴 뒤를 따라서 가 버렸다. 그래서 사슴 수가 줄었다.

소년이 사슴을 타고 다닐 때 옆에서 같이 갈 사슴이 없었다. 소년은 늙은 사슴을 타고 다녔다. 다른 사슴들은 야생 사슴들이 데리고 가 버렸다. 사슴 수는 점점 줄었고 비쩍 말랐다. 어머니와 양아버지는 병이 났다.

어느 날 소년이 사슴들이 있는 곳에 가 보니 한 사슴 이마에 혹이 나 있었다. 소년은 생각했다.

'사슴들이 서로 싸우다가 뿔이 부러져서 머리에 박혀 저렇게 큰 혹이 생겼나 보다.'

다음 날 아침 소년은 다시 사슴들에게 갔다. 사슴의 혹이 어제보다 더 커져 있었다. 소년은 사슴을 집으로 데려갔다. 양아버지가 소년에게 말했다.

"왜 사슴을 때렸니?"

"때리지 않았어요. 저는 절대 사슴을 때리지 않아요."

"그런데 왜 사슴 머리에 혹이 났어? 네가 때렸으니까 저렇게 혹이 난 거지."

다음 날 아침에 보니 혹은 훨씬 더 커져 있었다. 만져 보니 말랑말랑했다. 소년은 곪은 거라고 생각하고 칼로 혹을 도려냈다. 그런데 혹 속에서 아기가 툭 떨어졌다. 소년은 아기를 들고 집으로 왔다.

소년이 부모님에게 부탁했다.

"아기를 여기 놔두세요. 핏덩이를 버릴 수는 없어요. 아기가 우리에게 행운을 가져올 수도 있어요."

어머니는 아무 말도 하지 않고 아기를 집에 두었다. 아기는 매일 낮에 크게 성장했다. 저녁에는 벌써 고기를 먹었다. 나중에는 매일 사슴 고기를 먹기 시작했다. 점점 더 많이 먹기 시작했다. 한 달 후에는 벌써 걸어 다니기 시작했다. 걷는 것보다 공중제비를 더 잘했다.

소년은 사슴들에게 갔다. 소년은 사슴을 잡아 사슴 고기를 집으로 가져갔다. 집에 사슴 고기를 놓고 나왔다. 그런데 소년이 타고 다니는 사슴의 절반이 잡아먹혔다. 소년은 너무 놀라서 안장과 올가미를 끌고 사슴에게 가서 사슴들을 모두 모은 다음 사슴과 함께 잠을 잤다. 다음 날 아침 사슴

두 마리를 집에서 멀지 않은 곳에 묶어 놓았다. 그리고 아무도 사슴을 보지 못하도록 다른 길로 집에 왔다. 조용히 집으로 다가가 귀를 기울였다. 안에서 신음 소리가 들렸다. 소년은 생각했다.

'어제는 분명히 건강하셨는데 어떻게 갑자기 병에 걸리셨지?'

소년은 밖에 서서 귀를 기울였다. 양아버지의 목소리가 들렸다.

"나를 죽이지 마. 아파. 차라리 내 아내를 죽여."

소년은 조심스럽게 안을 들여다보았다. 귀신이 어머니 위에서 칼을 쥐고 있었다. 소년은 너무 무서워 자신이 타고 다니는 사슴이 있는 곳으로 도망쳤다. 소년은 사슴 등에 올라탔다. 귀신이 공중제비를 하며 소년을 뒤따라왔다. 소년이 옆을 지나가며 살폈다. 귀신은 사슴을 죽여서 먹어 치웠다. 소년은 급히 사슴 떼가 있는 곳으로 달렸다. 소년은 사슴들과 함께 밤을 보냈다. 눈 속에 들어가 잠을 잤다. 갑자기 무슨 일인지 사슴들이 달리는 소리가 들렸다. 소년은 귀신이 왔다고 생각했다. 가만히 틈을 통해 살피니 아기 귀신이 공중제비를 돌고 있었다. 소년은 아주 조용히 일어나서 도망가고 싶었다. 그래서 사슴을 붙잡아 타고 도망가려고 결심했다. 사슴 몇 마리가 풀을 뜯고 있는 쪽으로 가서 한 마리를 붙잡았다. 사슴은 쉽게 붙잡혔다. 또 한 마리를 붙잡고 싶었지만 귀신이 올까 두려웠다. 비록 말을 잘 듣는 사슴이 많았음에도 소년은 너무 무서워서 사슴들을 그대로 놔두고 달아났다. 멀리 달아났다. 하룻밤을 지내려고 사슴을 나무에 묶었다. 다음 날 다시 길을 떠났다. 발자국이 있었다. 발이 여덟 개 달린 사슴의 발자국이었다. 발자국을 따라갔다. 날이 어두워져 다시 하룻밤을 자려고 멈췄다. 사슴을 묶은 후 소년은 눈 속에 들어가 잠이 들었다. 다음 날 날이 밝자 소년은 잠에서 깼다. 사슴 소리가 들렸다. 한 처녀가 보였다. 그녀는 많은 사슴을 거느리고 있었다. 청년은 생각했다.

'아마 귀신이 발이 여덟 개 달린 사슴을 타고 온 거야. 이제 끝이야. 난 잡혔어. 도망쳐도 소용없어. 귀신에게 잡히고 말 거야. 어차피 죽더라도 일어나야겠다.'

청년은 일어났다. 처녀가 그를 바라보았다. 청년은 생각했다.

'나를 속이기 위해 귀신이 처녀로 둔갑했어. 나를 잡아먹을 거야.'

처녀가 말했다.

"나를 잡아 봐. 만일 네가 나를 잡으면 네 아내가 될게."

청년은 속으로 생각했다.

'집에서 봤던 그 귀신이야. 귀신이 일부러 나를 속이는

거야. 내가 그녀를 잡으면 귀신으로 변해 나를 잡아먹을 거야.'

처녀는 달렸다. 청년이 처녀를 뒤쫓았다. 청년은 계속 달렸다. 사슴이 피곤해지면 다른 사슴을 타고 달렸다. 날이 어두워져서 발자국이 보이지 않았다. 청년은 하룻밤 자고 가기로 결심했다. 사슴들을 묶고 눈 속에 들어가 잠들었다. 다음 날 날이 밝자 청년은 잠에서 깼다. 청년의 사슴들이 움직이는 소리가 들렸다. 청년은 생각했다.

'아마도 내 사슴들 소리 같은데, 뭔가 좀 달라.'

처녀가 서 있었다. 처녀가 말했다.

"나를 잡아 봐."

청년은 생각했다.

'올가미를 던져야 하나? 어떻게 하지? 도저히 그녀를 잡을 수가 없어.'

처녀가 물었다.

"나에게 올가미를 던지고 싶지?"

청년은 아무 대답도 하지 않고 올가미를 던질 채비를 했다. 청년은 처녀가 뒤돌아서자마자 올가미를 던졌다. 올가미는 정확하게 처녀를 덮었다. 처녀는 앞으로 달리기 시작했다. 처녀는 멈추어 서서 올가미를 잘랐다. 처녀는 계속 달렸다. 청년은 눈 속에 발을 파묻은 채 서서 올가미를 잡아당겼다. 올가미의 앞쪽 끈이 없어졌다. 청년은 사슴 있는 곳으로 돌아갔다. 청년은 처녀 뒤를 따라가야겠다고 생각하고 발자국을 따라 계속 뛰어갔지만 아무도 없었다. 너무 어두워서 아무것도 보이지 않았고 발자국도 찾을 수 없었다. 청년은 사슴들을 묶은 후 눈 속에 들어가 잠을 잤다. 새벽에 눈을 떴다. 사슴이 지나가는 소리가 들렸다. 청년은 사슴들이 배가 고파서 움직인다고 생각했다. 청년은 사슴을 바라보았다. 사슴들은 앉아서 먼 곳을 보고 있었다. 청년은 처녀가 오기 전에 빨리 일어나야겠다고 생각했다. 처녀가 또 왔다. 청년은 생각했다.

'어떻게 하지? 그녀더러 나를 잡아 보라고 제안해 볼까?'

처녀가 말했다.

"나를 잡아."

청년이 말했다.

"내가 앞장설게."

청년은 그렇게 말한 후 달렸다.

처녀는 청년을 따라잡아 나란히 달렸다. 그때 청년은 처녀가 탄 사슴의 뿔 위로 뛰어올라 처녀를 붙잡고 놓아주지 않았다. 앞에는 높은 산이 있었다. 두 사람은 산 가까이 갔다. 집이 세 채 보였다. 두 사람은 사슴에서 내렸다. 청년은 처녀를 따라갔다. 처녀는 가운데 집으로 들어갔다. 노인과 노파가 앉아 있었다. 노인이 처녀에게 물었다.

"누구를 데려왔니?"

청년이 말했다.

"제가 왔어요."

"수많은 사람들이 내 딸을 잡지 못했는데 네가 처음으로 잡았어. 그랬으니 함께 살아."

두 사람은 함께 살게 되었다. 아주 잘 살았다. 어느 날 청년이 아내에게 말했다.

"여기에서 아주 먼 곳에 어머니가 계셔. 어머니가 너무 보고 싶어."

"동행할 사람 둘을 데리고 가세요."

아침 일찍 세 사람이 출발했다. 청년은 어머니가 계시는 집 근처에 도착했다. 집에서 김이 아주 조금씩 나고 있었다. 어머니가 살아 있는 것이 분명했다. 청년이 다가갔다. 죽어 가는 사람의 신음 소리가 들렸다. 청년은 동행한 두 사람을 불렀다.

어머니가 말했다.

"아들아! 네가 왔구나. 우리는 죽어 가고 있어."

청년이 소리를 질렀다.

"귀신아! 집에서 당장 꺼져!"

"필요하면 네가 들어와. 나는 나가지 않을 거야!"

세 사람은 양쪽에서 크고 긴 막대기를 집에 넣고 지붕에 얹은 천을 던져 버렸다.

모두들 집 안에 누워 있었다. 어머니는 머리를 까딱거렸다. 귀신은 자는 척했다. 청년이 다가가자 귀신은 청년에게 덤벼들었다. 같이 간 두 청년이 창을 꽉 잡았다. 청년 역시 창을 잡았다. 청년은 귀신을 땅바닥에 던지고 창으로 귀신의 가슴을 찔렀다. 귀신은 죽어 가며 애원했다.

"마지막으로 세 번 하늘을 바라보게 해 줘."

귀신은 한 번 하늘을 바라본 다음 두 번째로 하늘을 보려고 했으나 청년이 창으로 귀신의 머리를 찔러 죽였다. 청년은 불을 피워 부모님에게 음식을 만들어 드렸다. 부모님은 식사를 마치고 짐을 꾸려 청년이 사는 집으로 갔다.

한 달이 지나자 청년의 부모님은 이제 앉아 있을 수 있게 되었다. 양아버지가 청년에게 말했다.

"네가 우리를 구했다. 너무 고맙다. 예전에 내가 너를 구박하고 업신여기고 학대했기 때문에 벌을 받은 거야. 내가 저지른 나쁜 짓이 그대로 나에게 돌아왔어. 앞으로는 절대로 그렇게 하지 않을게."

두 형제 이야기

두 형제가 누이동생과 함께 살았다. 어느 날 동생이 형에게 말했다.

"너무 가고 싶어. 참을 수가 없어."

형이 물었다.

"도대체 어디를 가고 싶은데?"

"이 세상의 끝을 가 보고 싶어."

동생은 형에게 그렇게 말한 후 집을 떠났다.

동생은 계속 가고 또 갔지만 계속 한곳을 맴돌고 있었다. 한곳에서만 다니고 있었다. 동생은 한 남자를 만났다. 남자가 물었다.

"어디 가니?"

"이 세상을 뒤집어 보고 싶어요. 그래서 세상의 저쪽에 무엇이 있고, 이쪽과 무엇이 비슷한지 알아보고 싶어요."

남자가 동생에게 말했다.

"네가 이 세상을 뒤집어 보고 싶으면 이것을 들어 올려."

남자는 자루에서 성냥개비만 한 막대기를 꺼내 땅바닥에 던졌다.

"이것을 들어 올려. 이 세상의 무게는 이 막대기의 무게

와 같을 거야."

동생은 막대기를 들어 올리려고 했으나 꿈쩍도 하지 않았다. 겉으로 보기에는 아주 작은 막대기인데 아무리 해도 들어 올릴 수가 없었다.

남자가 말했다.

"봐! 그렇게 힘이 없으면서 세상을 뒤집으려고 하다니!"

동생은 다시 출발했다. 계속 달리고 달려서 바닷가에 왔다. 야생 사슴의 발자국이 보였다. 동생은 사슴을 잡으려고 발자국을 따라갔다. 갑자기 발자국이 사라졌다. 동생은 생각에 잠겼다.

'사슴이 어디로 사라졌지?'

동생은 주변을 살폈다. 사슴 냄새가 났다. 사슴의 발을 벌레가 휘감고 있었다. 사슴이 동생에게 말했다.

"이 벌레 좀 죽여 줘."

동생은 단칼에 벌레를 죽였다. 벌레의 잔해가 사방에 날렸다. 나무에도 튀었다. 사슴은 땅에 쓰러졌고 사람으로 변했다. 사람으로 변한 사슴이 동생에게 물었다.

"무엇을 찾니?"

"먹을 것을 찾아."

사람으로 변한 사슴이 말했다.

"집으로 돌아가."

"사람들도 찾고 있어. 어떻게 굶주린 채 계속해서 길을 가겠어?"

사람으로 변한 사슴이 동생에게 말했다.

"집으로 돌아가."

동생이 사슴에게 물었다.

"어디에서 음식을 찾을 수 있을까?"

"이곳을 떠나. 네 발자국을 따라서 집으로 돌아가."

"나는 사람들도 찾아야 해. 그들을 찾아서 여기까지 왔어."

"왜 사람들을 찾니?"

"아내를 찾을까 해서."

"이 세상에는 아내로 삼을 만한 사람이 없어. 집에 돌아가서 네 여동생을 아내로 삼아. 그러면 나중에 많은 사람들이 생기게 될 거야. 네 발자국을 따라 집으로 돌아가. 가는 길에 산 두 개가 있을 거야. 멀리 있는 산에 곰이 있을 거야. 곰을 죽여서 먹은 다음 네 형이 있는 집으로 돌아가. 작은 고기 조각이라도 남겨서 집으로 가져가."

사람으로 변한 사슴은 사라졌다. 동생은 출발했다. 정말로 사슴 남자가 말했던 대로였다. 동생은 이틀 동안 산에서 잠을 잤고 곰 고기를 먹었다. 동생은 생각했다.

'이제 집으로 가야지. 작은 고기 조각이라도 가져가면 형이 좋아할 거야. 형도 고기를 먹고 싶어 할 거야.'

동생은 남은 고기를 가지고 갔다.

사람으로 변한 사슴이 말했었다.

"네 형에게는 아주 작은 고기 조각을 줘."

동생은 집에 도착해서 형에게 아주 작은, 거의 보이지도 않을 정도의 고기 조각을 주었다.

"먹어."

형은 작은 고기 조각을 보며 생각했다.

'과연 이 작은 고기 조각으로 배가 부를까? 잘 보이지도 않는데.'

형은 어쨌든 동생이 준 고기 조각을 먹었다.

동생은 여동생에게도 역시 작은 고기 조각을 주었다. 여동생 역시 고기를 먹었다. 형은 생각했다.

'무슨 일이지? 웬일로 배가 부르지? 겉으로 보기에 그렇게 작고 손안에서 보이지도 않는 고기 조각을 먹었을 뿐인데 왜 배가 부르지?'

형이 놀라서 동생에게 물었다.

"어디에서 그 고기를 찾았니?"

"왜?"

"배가 부른 것 같아서. 고기를 어떻게 구했는지 이야기해 줘."

동생은 형에게 야생 사슴을 만난 것과 벌레를 죽인 것,

곰을 죽인 것을 다 이야기해 주었다. 형은 동생의 말을 다 듣고 난 후 말했다.

"네가 본 야생 사슴은 아마도 신임에 틀림없어. 사슴은 말을 하지 않아. 사슴이 네게 뭐라고 말했는지 더 이야기해 봐."

"내가 사람들을 찾을 수 없을 거라고 말했어."

"왜 그런 말을 했어?"

"내가 아내를 찾아 여기까지 왔다고 말했거든."

"그러니까 사슴이 뭐라고 말했어?"

"나에게 집으로 돌아가라고 말했어. 이 세상에 다른 사람들은 없다고 말했어."

"그다음에 또 뭐라고 말했어?"

"내가 사람들을 찾을 수 없을 거라고 말했어. 나더러 여동생과 결혼하라고 말했어. 그러면 나중에 사람들이 생길 거라고 말했어."

형은 동생의 말을 다 들은 후 말했다.

"신이 그렇게 말했다면 그 말대로 해야지. 결혼해."

부자와 가난한 사람

형과 아우가 살았다. 둘 다 가난했다. 어느 날 형이 아우에게 말했다.

"이렇게 궁핍하게 사느니 부잣집 사슴을 돌보는 일을 찾아봐야겠다. 너는 집에 있어."

형은 부잣집에 가서 주인에게 사슴을 돌보게 해 달라고 부탁했다. 부자는 한참 생각한 후 말했다.

"첫 번째 뻐꾸기가 우는 봄까지 너를 고용하마. 지금 당장 합의를 하자. 네가 우리 집에서 일하는 동안은 절대로 불평을 하거나 나에 대해 나쁘게 말하거나 욕을 하면 안 돼. 만일 네가 불평을 하면 너는 사슴 백 마리를 내놓아야 하고, 만일 내가 공연히 너를 욕하면 내가 사슴 백 마리를 내놓을게. 그렇게 우리는 서로 욕하지 말고 서로에게 상처를 주지 말고 살아야 해."

두 사람은 그렇게 합의하고 함께 살기 시작했다. 형은 낮에도 밤에도 쉬지 않고 사슴을 돌보았다. 하지만 겨우 하루에 한 번 집으로 왔을 때도 부자는 배불리 음식을 먹이지 않았다. 죽지 않을 만큼의 형편없는 음식을 주었다. 형이 입은 옷은 아주 낡고 다 해어지고 너덜거려서 몸이 항상 얼었다. 그렇게 형은 첫 번째 뻐꾸기가 우는 봄까지 부잣집에서 지냈다. 부잣집에서 일했지만 한 푼도 받지 못했고 집에 아무것도 가져오지 못했다. 집에 돌아온 형은 아우에게 부잣집에서 어떻게 살았는지 자세하게 이야기했다. 아우가 말했다.

"내가 부잣집에 가서 사슴을 돌볼게. 내가 돌아올 때까지 기다려."

아우가 부잣집에 가서 일을 하게 해 달라고 부탁했다. 부자는 오래 생각하는 척했다.

"너에게 일자리를 줄 테니 지금 당장 합의하자. 너는 내년 봄 첫 번째 뻐꾸기가 울 때까지 일하게 될 거야. 그때까지 불평하거나 욕하거나 화를 내면 안 돼. 만일 언제든 네가 나에 대해 불평하면 너는 백 마리 사슴을 내놓아야 하고, 반대로 내가 일을 못한다고 너를 욕하면 내가 사슴 백 마리를 내놓을게."

아우는 부자의 말에 동의하지 않고 다시 말했다.

"백 마리는 너무 적어요. 천 마리로 하죠."

"좋아. 천 마리로 하자."

부자는 오래 생각한 후 결정했다.

아우는 첫째 날은 사슴을 잘 돌봤다. 그러나 둘째 날은 다리가 아프다고 말하고 사슴을 돌보러 가지 않았다. 셋째 날은 아주 오랫동안 잠을 잤다. 늦게 일어난 동생은 주인집으로 가서 아주 오랫동안 식사를 했다. 부자는 아우가 마음에 들지 않았다.

"곧 사슴을 다 잃어버리겠어. 사슴을 잘 살펴."

"주인님은 제가 일을 못한다고 말하고 싶으세요? 저를 욕하고 싶으세요?"

"아니. 욕하는 게 아니야. 그냥 사슴들이 멀리 달아나니까 잘 보라는 거야."

아우는 아주 느릿느릿 사슴이 있는 곳에 갔다.

다음 날 아침 부자는 사슴 떼가 있는 곳으로 가서 수를 세어 보았다. 사슴이 많이 없어진 것을 알게 되자 주인은 일꾼이 더욱 못마땅했다.

"사슴이 많이 없어졌어. 오늘 당장 찾아내!"

"주인님은 제가 일을 못한다고 말하고 싶으시죠?"

"아니. 욕하는 게 아니고 사슴을 찾으러 가라고 그냥 말하는 거야."

아우는 사슴을 마지못해 찾으러 갔다. 부자는 일꾼이 너무 마음에 들지 않았다. 어떻게 그를 쫓아 버릴까 생각하기 시작했다. 뻐꾸기가 우는 봄까지는 아직 멀었다. 부자는 아우를 집으로 돌려보내기로 결심하고 아내에게 말했다.

"당신은 옷을 잘 차려입고 숲으로 가서 높은 나무에 올라가 뻐꾸기 소리를 내. 내가 일꾼과 도착하면 가능한 한 크게 뻐꾸기처럼 울어."

부자의 아내는 숲으로 갔다. 부자는 일꾼과 함께 출발했다. 부자는 일꾼에게 사냥을 하러 가자고 말했다. 두 사람은 부자의 아내가 있는 숲으로 갔다. 진짜 뻐꾸기 소리가 들렸다. 온 숲을 따라 산에서 뻐꾸기 소리가 울려 퍼졌다. 부자는 일꾼을 떠밀기 시작했다.

"자, 됐어! 이제 너는 집으로 가. 저렇게 첫 번째 뻐꾸기가 울었으니 이제 일하지 않아도 돼."

아우는 부자의 말을 믿을 수 없었다. 활을 들고 나무에 있는 뻐꾸기를 찾기 시작했다. 부자가 아우에게서 활을 빼앗아 소리치며 욕하기 시작했다.

"이놈아! 내 아내를 죽이려는 거야?"

아우는 기뻐서 어쩔 줄 모르며 부자에게 말했다.

"주인님이 먼저 제게 욕을 했어요."

부자가 말했다.

"사슴 천 마리를 가져가."

가난한 아우는 그렇게 부자가 되어 많은 사슴들을 몰고 형에게 갔다.

욕심 많은 노파

노인과 노파가 살았다. 노인은 나무를 하러 숲으로 가서 나무를 많이 해 왔다. 어느 날 노인이 도끼로 크고 마른 나무를 찍자 새 한 마리가 나무에서 날아올랐다. 새는 나무에 앉아서 노인에게 물었다.

"왜 당신은 내 둥지를 두드리세요?"

"나무로 장작을 만들려고."

"나무를 찍지 마세요. 제 집이에요. 집으로 돌아가시면 제가 내일 직접 장작을 가져다 드릴게요."

노인은 집으로 돌아와서 아내에게 말했다.

"오늘 장작을 못 해 왔으니 내일 해 올게."

두 사람은 잠자리에 들었다. 다음 날 아침 노파가 일찍 일어나 마당에 나가 보니 장작이 많이 놓여 있었다. 노파는 깜짝 놀라 남편을 깨웠다.

"당신이 밤중에 나무 하러 갔다 왔어요?"

"아니. 어제 내가 도끼로 나무를 찍을 때 둥지에서 새 한 마리가 날아올라 사람의 목소리로 둥지를 부수지 않으면 내일 나무를 집으로 가져다주겠다고 말했어. 그 새가 우리 집에 나무를 가져다주었군."

"우리 집에 이제 장작이 아주 많이 생겼어요. 가서 새에게 고기를 먹게 해 달라고 부탁하세요."

노인은 숲으로 갔다. 창피했지만 아내가 무서워서 할 수 없이 어제 새가 있던 곳으로 갔다. 노인이 다시 나무를 찍자 새가 나무에서 날아오르며 말했다.

"왜 제 나무를 두드리세요?"

"아내가 너에게 고기를 부탁하래."

"집으로 돌아가세요. 내일 고기를 가져다 놓을게요."

노파는 일찍 잠자리에 들었다. 다음 날 아침 집에 고기가 아주 많이 놓여 있었다. 두 사람은 배가 터지게 먹었다. 노파는 다시 남편을 욕하기 시작했고 새에게 가서 사슴을 달라고 부탁하라고 보챘다. 노인은 다시 숲으로 가서 나무를 찍었다. 새가 나무에서 날아올랐다.

"이제 뭐가 필요하세요?"

"응. 아내는 많은 사슴을 가지고 싶어 해. 그래서 나를 보냈어."

"알았어요. 집으로 돌아가세요. 내일 사슴을 가져다 드릴게요."

노인은 집으로 돌아왔다. 다음 날 아침에 일어나니 집 주위에 아주 많은 사슴들이 마치 개미가 뛰어다니듯 웅성거렸다. 새 집, 새 이불, 새 요, 새 옷 등 모든 것이 새것이었다. 노파는 새가 가져다준 이 모든 것들로는 만족스럽지 못했다. 노파는 이 세상에서 가장 부자가 되고 싶었다. 노파는 이 세상에 있는 모든 것을 갖고 싶었다. 만족을 모르는 노파는 자신이 원하는 것을 새에게 말하라고 남편을 보냈다.

노인은 창피해하며 잠자코 새에게 갔다. 새가 다시 물었다.

"뭐가 필요하세요?"

"이 세상에 있는 모든 부를 갖게 해 달라고 부탁하래."

새는 아무 말도 하지 않고 날아가 버렸다. 노인은 집으로 돌아왔다. 노파 혼자 앉아 있었다. 사슴도 집도 다 사라지고 없었다. 노파의 욕심과 뻔뻔스러움이 빚은 결과였다.

오인데와 하바이

형과 아우가 살았다. 형의 이름은 하바이고 아우의 이름은 오인데였다. 부모님은 오래전에 사슴을 남기고 돌아가셨다. 형은 항상 사슴을 돌보고, 아우는 불 옆에서 재로 배꼽을 색칠하며 시간을 보냈다. 어느 날 형이 말했다.

"아우야! 나는 너무 피곤해. 오늘부터 함께 사슴을 돌보자. 오늘 밤은 네가 가서 지켜봐. 한 마리도 도망가지 못하게 잘 지켜. 자지 마."

밤이 되었다. 오인데는 사슴을 지키러 갔다. 형이 배웅을 했다. 오인데는 사슴을 몰고 갔다. 산을 넘어갔다. 오인데는 잠이 왔다. 오인데는 사슴들이 앉아서 쉬라고 불을 피웠다. 사슴들은 앉았고 오인데는 잠이 들었다. 밤새도록 코를 골고 잤다. 날이 밝자 누군가가 오인데를 깨웠다. 늑대였다. 오인데는 너무 놀랐다. 늑대가 말했다.

"사슴 한 마리를 줘. 그러면 네게 아주 예쁜 돌을 줄게."

오인데는 돌을 바라보고 나서 늑대에게 말했다.

"사슴을 가져가."

늑대는 돌을 주며 말했다.

"이 돌을 가지고 놀아."

늑대는 사슴을 데리고 가 버렸고, 오인데는 돌을 기쁜 마음으로 황홀하게 바라보며 사슴들을 끌고 왔다. 오인데는 돌차기를 하며 사슴을 집까지 몰고 왔다. 형은 이른 아침부터 동생을 기다렸다. 오인데는 아주 즐거워하며 집으로 들어왔다.

"형, 이것 봐! 너무 예쁜 돌이지?"

"뭐가 그리 예쁘다고 그래? 온 천지가 그런 돌로 덮여 있어."

형이 눈길을 주지 않자 동생은 더 가까이 돌을 내밀었다. 하바이는 돌을 보고 나서 말했다.

"도대체 어디에서 그런 이상한 돌을 가져왔어?"

"밤새도록 눈도 깜박이지 않고 사슴을 지켰어. 그런데 늑대가 하도 간청해서 사슴 한 마리를 선사했어. 그 보답으로 늑대가 이 돌을 주었어."

"사슴과 돌을 바꿨단 말이야?"

하바이는 그저 아무 말도 할 수 없었다. 하루 종일 동생을 두들겨 패고 욕했다. 저녁이 되자 하바이가 말했다.

"내일 아침에 아주 돈이 많은 사람들이 여기 올 거야. 사윗감을 골라야 한대. 젊은이들이 모두 잘 차려입고 모일 거야."

다음 날 아침 종소리가 들렸다. 두 남자가 흰 사슴을 타고 오고 있었다. 젊은이들은 모두 잘 차려입고 두 남자를 맞이했다. 나이가 많은 남자가 말했다.

“젊고 잘생긴 청년들이여. 나는 예쁜 딸의 남편감을 고르기 위해 먼 바다 너머에서 사흘을 달려 여기 왔다. 너희 모두 잘생겨서 누구를 골라야 할지 모르겠다. 그래서 너희 중 누가 저 나무 꼭대기를 화살로 맞히는지 볼 거야. 나무 꼭대기를 맞히는 사람을 사위로 삼아 데려갈 거야.”

청년들은 모두 시합을 벌이기 시작했다. 누가 맞힐까? 그러나 나무가 너무 높아서 아무도 맞히지 못했다. 하바이가 쏠 차례가 왔다. 그는 조준을 해서 화살을 쏘았다. 그러나 조금 빗나갔다. 이제 아무도 남은 사람이 없었다. 모두들 시도했으나 아무도 맞힌 사람이 없었다. 남자는 슬픔에 잠겨 다시 길을 떠나려고 했다. 그때 갑자기 누군가가 뛰어오고 있었다.

“기다리세요! 기다리세요!”

남자가 뒤를 돌아보았다. 오직 하바이만이 뛰어오는 사람을 보고는 누군지 알아보고 그에게 주먹질을 했다.

“제가 한번 해 볼게요. 제게 아주 예쁜 돌이 있어요. 지금 제가 놀라운 것을 보여 드릴게요. 잘 보세요!”

하바이가 말했다.

“오인데! 또 바보짓을 하는구나. 네가 어떻게 저 높은 나무 꼭대기를 맞혀?”

거기에 있던 사람들이 모두 웃음을 터뜨렸다. 하바이가 다시 말했다.

"그래! 한번 해 봐! 네 실력을 보여 줘."

오인데는 자루에서 돌을 꺼내 나무를 향해 던졌다. 돌은 꼭대기를 맞혔다. 젊은이들은 모두 아무 말도 하지 않았다. 남자가 말했다.

"어디에서 이렇게 민첩한 명사수가 나타났지?"

하바이의 목소리만이 들렸다.

"절대 그가 민첩한 명사수라고 생각하지 마세요. 그는 진짜 바보예요."

남자는 누구의 말도 듣지 않았고 오인데에게 말했다.

"말에 올라타. 이제 우리는 여기를 떠날 거야. 모든 재산을 너에게 줄게. 내 딸은 정말이지 예뻐. 네가 내 딸을 지켜 줘야 해."

오인데는 형에게 혀를 날름거리고 재빨리 흰 사슴에 올라탔다. 그들은 출발했다. 오인데는 한 손에는 지팡이를 들고 다른 손으로는 더러운 배꼽을 문지르며 흰 사슴을 타고 달렸다.

하바이는 홀로 아홉 마리의 사슴과 함께 남겨졌다. 동생 오인데는 결혼을 해서 아주 부자로 살았다. 자식들도 낳았다. 지금도 살아 있다.

땅이 만들어진 유래

예전에는 이 세상이 전부 바다였다. 신과 악마가 있었다.

어느 날 신이 생각 끝에 거위들에게 물었다.

"너희가 진흙을 구해 올 수 있겠니?"

거위가 대답했다.

"구해 올 수 없어요. 추워서 죽을 거예요."

신이 오리들에게 물었다.

"어디서 흙을 찾지?"

"찾지 못해요. 물속에서 죽을 거예요."

신이 물새에게 물었다.

"어디서든 진흙을 구할 수 없겠니? 한 줌이라도 찾아 오면 땅을 만들 수 있을 텐데."

물새가 말했다.

"바다 밑으로 진흙을 가지러 들어갈게요. 그러나 양이 아주 적을 거예요."

신이 말했다.

"적은 양이라도 가지고 오너라."

물새는 결심했다.

"진흙을 가지러 바다 밑으로 갈게요."

물새는 바로 바다 밑으로 들어갔다.

신은 계속 기다리고 기다렸다. 물새는 오지 않았다. 한참 만에 물새가 모습을 나타냈다. 진흙 한 줌을 가지고 왔다.

물새가 신에게 물었다.

"흙을 어떻게 할까요?"

"부리에 물고 있어."

물새가 신에게 물을 때, 악마가 물새 부리에서 진흙을 훔쳤다. 신이 악마에게 호통치기 시작했다. 진흙이 악마의 입에서 미끄러져 나갔다. 그때 신이 악마에게 침을 뱉었다. 신의 호통으로 땅이 쩍 갈라졌다. 산의 개울물과 산들이 생겨났다. 그렇게 땅이 창조되었다.

모기와 구더기가 생긴 유래

아주 오랜 옛날 이 세상에는 생명체가 하나도 없었다. 걸어 다니는 짐승도 없었고 물에서 헤엄치는 물고기도 없었고 나무도 넝쿨 식물도 아무것도 없었다.

신은 하늘 위에서 이 땅을 내려다보고는 인간을 창조해야겠다고 생각했다. 신은 악마와 인간들이 땅 여기저기에서 사는 것을 보았다. 신은 하늘에서 땅으로 내려와 악마를 내쫓았다.

"너는 땅에서 살면 안 돼. 네가 살 곳은 땅 아래야."

악마는 신이 무서워 땅 밑으로 떠났다. 신은 진흙으로 남자와 여자를 만들었다. 그 후 진흙과 모래로 사람들을 많이 만들었다. 신은 생각했다.

'인간들이 굶어 죽지 않도록 하려면 인간이 먹을 것을 만들어야 해. 심고 자라는 것을 만들어야 해.'

신은 교목, 관목, 열매 들을 만들었다. 숲에는 양, 사슴, 큰 사슴 등 다양한 짐승을 만들었다. 시내와 호수에는 다양한 물고기를 만들었다.

어느 날 신이 물고기들을 물로 보내고 있을 때였다. 무언가가 땅에 앉아서 변을 보고 있는 것이 보였다. 알고 보니 악마였다. 악마는 신이 만든 것을 배터지게 실컷 먹었다. 신이 뒤에서 악마를 불로 찔렀다. 악마는 놀라서 토하고 자기 땅으로 달아났다. 신은 악마가 게워 낸 것을 보았다. 구더기와 온갖 종류의 파충류가 땅을 기어가고 있었다. 악마가 배설할 때 모기가 나왔다. 신이 불로 마귀를 놀라게 했기 때문에 모기 역시 연기를 무서워하게 되었다.

키로로트

예벤인들이 있었다. 그들 중에는 아주 힘이 세고 용감하고 민첩한 용사가 있었다. 힘으로 그를 당해 낼 사람이 없었다. 유카기르인들과 축치인들은 그를 이길 수 없었다. 모두가 그의 힘과 민첩함을 두려워했다.

어느 날 한 유카기르 남자가 힘겨루기 시합을 하자고 했다. 칼과 활 없이 맨손으로 힘을 겨루어 보자고 했다. 가을에 산 정상에서 이루어지는 시합에 사람들을 다 불러 모았다. 예벤 용사는 시합이 이루어질 장소 주변을 둘러보려고 정해진 시간에 산으로 올랐다. 거기에서 한 유카기르 남자를 만났다. 그는 예벤 용사의 맞은편에서 걸어가고 있었다. 그렇게 그들은 만났다. 유카기르 남자는 다 찢어진 옷을 입고 있었고 아주 말랐다. 용사가 물었다.

"어느 땅에서 왔어?"

"아주 멀리서 왔어. 나도 그 유카기르 남자가 아주 미워. 그는 사람들을 죽이고 게다가 거짓말쟁이야. 그를 죽이도록 해. 난 그가 미워."

유카기르 남자가 용사에게 물었다.

"그런데 너는 누구야?"

"나는 바다 쪽에서 왔어. 나는 키로로트를 찾고 있어."

"내가 키로로트의 하인이야. 그가 어디에 있는지 알려 줄게. 그는 아주 나쁜 인간이야. 나는 그가 싫어. 그는 내 여자를 훔쳐 갔고 내 형제자매를 죽였어. 그런데 나는 죽이지 않고 하인으로 삼았어. 고기를 한 번도 배불리 먹게 해 준 적이 없고, 누더기 옷만 줘. 그래서 내 옷이 다 찢어져 있는 거야. 그는 사람을 많이 죽였어. 사람을 보기만 하면 바로 죽이곤 하지. 재작년에 그는 예벤인들을 죽였어. 내가 이야기해 줄게. 한 부락에 예벤인들이 유카기르인들과 함께 살았어. 하루는 한 유카기르 노인이 예벤인들이 사는 집에서 이야기를 해 주고 있었어. 노인은 이야기를 하는 척했어. 사람들이 노인의 이야기를 들으려고 하나씩 집에서 나와 노인의 집으로 갔어. 노인은 사람들이 다 모일 때까지 이야기를 했어. 노인이 이야기를 끝내고 나가려고 문을 열자마자 밖에서 유카기르인들이 천막을 향해 창을 던졌어. 한 처녀만 달아났어. 처녀는 자기 종족에게 가서 모든 걸 말했어. 그는 그렇게 나쁜 인간이야. 사악한 살인자야. 키로로트가 그런 인간이라 나는 그가 싫어. 그를 죽여야 해. 그가 어디에 있는지 알려 줄게. 이쪽으로 가자."

예벤 용사는 그의 말을 믿었다.

'키로로트가 찢어진 옷을 입을 리가 없어. 저자는 아마

다른 사람일 거야. 저자가 나에게 맞게 알려 주겠지.'

그들은 앞으로 걸어갔다. 산에 도착했다. 아주 화창하고 맑은 날이었다. 주위가 아주 잘 보였다. 찢어진 옷을 입은 남자는 고기를 굽기 위해 고기를 자르기 시작했다. 그가 말했다.

"이봐! 칼이 잘 들지 않아. 네 칼을 좀 빌려줘. 고기를 끼는 막대기를 뾰족하게 하려고."

예벤 용사는 다른 쪽을 보며 자신의 칼을 주었다. 유카기르 남자는 예벤 용사의 칼을 들고 소리를 지르며 용사를 그 자리에서 찔렀다.

"내가 바로 네가 찾는 그 키로로트다!"

유카기르 남자는 칼을 멀리 던졌다. 예벤 용사는 마치 아기를 다루듯 상처를 잡고 칼을 던진 곳으로 뛰어갔다. 칼을 집으려고 했으나 다시 넘어졌다. 키로로트는 예벤 용사의 죽은 시체를 바라보았다. 그렇게 그들은 원수지간이 되었다!

해 설

예벤인에 대해

예벤인은 동시베리아의 야쿠트 공화국, 러시아 극동의 마가단, 하바롭스크, 캄차카 지역에 약 2만 명이 거주하고 있다. 소수의 예벤인이 여러 지역에 산재되어 살아 왔기 때문에 20세기 초까지 하나의 독립적 민족이 아니라 예벤키인으로 간주되었다. 고대 예벤인은 사냥지와 유목지를 찾아 타이가와 툰드라 여러 지역을 돌아다니며 생활했다. 따라서 아무르강 연안의 이웃 민족인 네기달인, 나나이인, 울치인과는 달리 한 지역이 아닌 서로 멀리 떨어진 지역에서 공동체를 형성하며 생활했다. 대부분의 예벤인은 순록을 사육하고 사냥하는 유목 생활을 했으며, 오호츠크해 연안의 예벤인은 물고기나 물개, 바다표범 등을 잡아 생활했다. 유목 생활을 했던 예벤인의 대부분은 1920년대부터 정착 생활을 하게 되었다.

예벤인을 지칭하는 여러 명칭이 있지만 현재의 공식 명칭은 '예벤'으로, 이는 '여기에 사는 사람'이란 뜻이다. '라무

트'라는 명칭이 문헌에 나타나는데, 이는 오호츠크 해안에 살던 예벤인을 일컬어 러시아인이 부르던 명칭이다. '람'은 예벤어로 '바다'를 뜻한다.

예벤어는 알타이어계 만주퉁구스어파에 속한다. 북방 퉁구스족인 예벤인의 조상이 바이칼 근방에서 동시베리아로 이동하기 시작하면서 일부 예벤인은 야쿠트인에 동화되었고, 야쿠트어의 영향을 받기도 했다. 17세기부터 시작된 러시아의 시베리아 정복과 더불어 러시아 문화의 영향하에 놓이게 되었다.

예벤인의 생산 활동과 의식주

예벤인은 역사적으로 순록 사육과 사냥, 어획 등의 생산 활동을 했다. 특히 순록 사육은 예벤 문화의 고유한 특성을 결정짓는 요소 중 하나다. 예벤인은 자작나무 껍질 또는 순록의 가죽으로 지붕을 만든 퉁구스식 이동 가옥인 '춤'과 코랴크식 이동 가옥 '야란가'에 거주했다. 겨울철에는 타이가 삼림에 사는 늑대를 제외한 다양한 털짐승을 사냥하며 생활했다. 고대 예벤인에게 늑대 사냥은 금기였다.

예벤인은 짐승의 털이나 물개 가죽으로 의복과 모자를

만들어 입었고 특히 여자들은 구슬 장식이 달린 모자를 즐겨 썼다. 예벤인뿐 아니라 북방 퉁구스인의 옷에서 발견되는 기하학적 무늬는 신성성으로 연결되어, 이 옷을 입은 사람에게 힘과 용기, 자신감을 불어넣어 준다는 믿음이 있었다.

예벤인은 주로 야생 짐승의 고기를 먹는 육식 위주의 식생활을 해서 고기를 구워 먹는 조리법이 발달했다. 또한 다양한 해산물로 만든 음식과 유제품을 많이 섭취한다. 순록사육을 하지 않고 오호츠크 해안에서 정착 생활을 하는 예벤인은 물개를 잡아 생활하거나 식용 개를 키우기도 한다. 또한 물고기를 잡아 절이거나 말려서 먹는다.

18세기까지 예벤인은 성씨를 중심으로 한 공동체를 이루어 생활했다. 자신의 구역에서만 사냥해야 하며 다른 공동체의 구역에서 사냥하는 것은 엄격히 금지되었다. 사냥한 수확물을 공동으로 배분하는 '니마트'라는 전통이 있었는데, 특히 신성물로 여겨지던 곰을 포획한 경우 이러한 전통은 아주 엄격하게 지켜졌다.

예벤인의 전통 신앙

고대 예벤인은 숲, 불, 물 등의 자연물에 영혼이 있다고 믿어 숭배했다. 특히 태양을 절대적으로 숭배했고 자연물에 주인신이 있다고 믿었다. 착한 정령이 사는 천상 세계, 인간이 사는 지상 세계, 악한 정령이 사는 지하 세계를 경계 지었고, 샤먼을 지상 세계와 천상 세계, 지하 세계를 연결하는 중개자로 믿었다. 샤먼은 병을 일으킨 사악한 정령을 지하 세계로 보내고, 병든 사람의 영혼을 지상 세계로 보내는 교환 의식을 거행하는 역할을 했다. 예벤인은 땅속을 악한 정령이 지배하는 지하 세계로 생각했기 때문에 죽은 사람을 매장을 하지 않고 나무에 매달아 장례를 지냈다. 고인에게 가장 좋은 옷을 입혀 나무 관에 넣어 나무 위에 매달아 놓고 나무와 관에 순록의 피를 뿌리는 예벤인의 장례 전통은 19세기 이후 러시아정교의 영향으로 사라졌다.

예벤인 설화

1990년부터 예벤의 지식인들 사이에서 예벤어와 예벤의 전통 문화를 보존해야 한다는 움직임이 활발해져 예벤어 교육, 예벤어 번역 출판, 일상생활 속 예벤어 사용이 권장된다. 이런 분위기 속에서 설화를 발굴해서 기록하여 보존하려는 작업이 부각되고 있다. 예벤인 설화는 씨족공동체의 형성과 더불어 시작된 것으로 추정되며, 원래의 이야기들은 세월이 흐르면서 변형되고 다른 종족과의 교류를 통해 변화를 거듭하며 현재까지 전해지고는 있으나 점차 소멸되어 가는 실정이다.

예벤인 설화에는 오랫동안 타이가 삼림지대와 아무르강 연안에서 순록 사육과 사냥, 어획에 종사하며 척박한 자연환경에 순응하여 살아 온 예벤인의 문화적 정체성과 고유성이 그대로 나타난다. 우리는 예술적 상징성과 간결하고 생생한 표현이 가득한 설화를 통해 고대 예벤인 특유의 상상력과 해학, 삶의 지혜, 자연과 절대자에 대한 경외심을 느낄 수 있다.

이 책에 소개된 예벤인 설화는 동물담, 마법담, 일상담 등의 민담이 주를 이루고 그 외 동물과 자연, 천체, 천지창조의 유래를 다루는 신화와 전설로 구성되어 있다.

<새와 쥐가 싸운 이야기>, <욕심 많은 멧닭>, <떠버리 메추리>, <바다표범>, <여우와 늑대>, <여우와 곰>, <교활한 담비>, <담비>, <여우 이야기> 등의 동물담에서는 북방 지역을 대표하는 여우, 담비, 곰 등이 주

인공으로 등장한다. 이들은 신의, 우정, 자랑, 교활함, 기만, 어리석음, 기지 등의 인간의 자질을 지니고 인간처럼 사냥하고 서로 싸운다. 담비는 영리하고 교활하며, 곰은 착하고 믿음직스럽고, 늑대는 욕심 많고 멍청하며, 여우는 통상 인간에게 해를 가하는 교활한 속성을 지닌 것으로 나타난다. 동물과 인간의 충돌, 동물 상호 간의 욕심과 잔꾀로 인해 생기는 이야기들은 우리로 하여금 지나친 욕심과 경솔함에 대한 경각심을 불러일으키고 우정과 정의, 상호 이해의 미덕을 환기시킨다.

대부분의 동물담의 역사는 인간이 노동을 통한 생산 활동을 하기 이전의 사냥과 채집의 시기로 거슬러 올라간다. 사냥을 주로 했던 예벤인에게 동물의 모습이나 색깔, 습성과 관련한 의문은 당연한 것이었고 예벤인은 기발한 상상력으로 이것을 해결했던 것이다. 멧닭의 눈이 빨개진 이유를 설명하는 <욕심 많은 멧닭>과 담비가 작아진 이유를 설명하는 <교활한 담비>를 통해 우리는 예벤인의 예리한 관찰력을 느낄 수 있다. 이런 유형의 이야기들은 자연 현상에 대한 원인을 규명하려는 전설이나 신화와 유사하다. <달에 반점이 생긴 이유>를 통해 알 수 있듯이, 예벤인은 다른 시베리아 민족들처럼 달 표면의 모습에 호기심을 가졌고, 불쌍한 처녀가 주인의 구박과 학대를 못 이겨 달과 해에게 자신을 데려가 달라고 부탁해서 결국 달로 올라왔다고 상상했다.

< 우메스네와 안차크 >, < 틸켄과 돌단 형제 >, < 현명한 노인 >, < 노인의 세 아들 >, < 데브리켄 코브리칸 >, < 은둔자 > 등의 마법담을 통해 우리는 싸움으로 점철된 고대 에벤인의 삶과 옛 관습을 알 수 있다. 이야기 속에 등장하는 사악한 정령과 마귀할멈, 사람을 잡아먹는 괴물은 적을 형상화한 것이다. 이들은 인간에게 해를 가하고 인간은 그들과 싸워 항상 승리한다. 마법담의 주인공은 용감한 사냥꾼, 힘센 용사, 형들은 결코 할 수 없는 일을 성공적으로 해내는 막내아들, 현명한 셋째 딸 등의 평범한 사람들이다. 가족을 죽였거나, 약혼녀나 아내, 형제를 빼앗아 간 악한 존재와 벌이는 싸움을 주제로 하는 이 이야기들에서 주인공은 하늘을 날고, 짐승이나 새로 변신하고 생명수로 상처를 치료하거나 죽은 사람을 살리는 비범한 능력을 보인다.

에벤 마법담에는 변신 모티프가 자주 등장하는데, 이는 고대 토템 신앙에서 연유한다. 처녀로 변신한 백조와 혼인한 후 동생 때문에 아내를 잃은 형이 아내를 찾기 위해 겪는 모험을 그린 < 움체긴과 부윤다 > 는 북아시아의 다른 민족에게 널리 전승되는 이야기다. 셋째 딸의 기지로 귀신으로부터 두 언니와 부모님을 구한다는 줄거리의 < 현명한 노

인＞과 요괴로부터 남편을 구하는 아내의 이야기인 ＜멘레크＞는 전 세계적으로 널리 알려진 광포설화적 요소에 예벤의 고유한 요소가 가미된 이야기다.

일상담은 부자와 가난한 사람, 선한 사람과 악한 사람, 현명한 사람과 멍청한 사람, 욕심 많은 사람과 지혜로운 사람을 대비해 해학적 표현으로 즐거움을 주기도 하며 권선징악을 다룬다. ＜부자와 가난한 사람＞은 세 형제 중 막내가 기지와 현명함으로 형들과 가족을 구하는 이야기이고, ＜두 형제 이야기＞, ＜오인데와 하바이＞는 아우가 잘난 척하는 형을 제치고 부와 명예를 차지한다는 이야기다. ＜욕심 많은 노파＞는 할아버지의 선량함으로 얻게 된 행운이 할머니의 지나친 욕심으로 물거품이 된다는 이야기로, 지나친 욕심이 부르는 재앙에 대한 경각심을 주는 교훈을 담았다.

예벤인 설화에서는 곰과 관련된 전설을 볼 수 있는데, 이는 북방 퉁구스족의 곰 토템과 관련이 있다. ＜곰＞은 인간 여자가 곰과 결혼해 곰을 낳는다는 이야기를 포함한다. 이 전설을 통해 우리는 예벤인의 전통 축제인 곰 축제의 기원과 여자에게 곰 고기를 주지 않는 이유에 대해 알 수 있다.

예벤인 설화에서 전설이나 신화는 동물담, 마법담, 일상담 등의 민담과 비교해 볼 때 알려진 것이 거의 없다. ＜땅이 만들어진 유래>, <모기와 구더기가 생긴 유래> 등을 통해서 우리는 이 세상의 만물과 생명체가 어떻게 창조되었는가에 관해 예벤인이 품었던 신화적 사고를 알 수 있다.

옮긴이에 대해

이경희는 한국외국어대학교 노어과를 졸업하고, 러시아 과학아카데미 비노그라도프대학원에서 의미통사론에 관한 논문으로 박사학위를 받았다. 현재 한국외국어대학교에서 강의하고 있으며, 논문으로 <어휘-통사 층위에 나타나는 언어문화적 변이>, <담화연결어의 의미와 기능>, <언어적 세계상에서의 놀이와 도박> 등이 있으며, 저역서로 ≪도박하는 인간≫(공저), ≪러시아 여성작가 10인 단편선≫(공역), ≪북아시아 설화집(알타이족)≫, ≪셀쿠프인 이야기≫, ≪토팔라르인 이야기≫, ≪시베리아타타르인 이야기≫ 등이 있다.

예벤인 이야기

작자 미상
옮긴이 이경희
펴낸이 박영률

초판 1쇄 펴낸날 2018년 11월 13일

지식을만드는지식
02880 서울시 성북구 성북로 5-11 (성북동1가 35-38)
전화 (02) 7474 001, 팩스 (02) 736 5047
출판등록 2007년 8월 17일 제313-2007-000166호
전자우편 zmanz@commbooks.com
홈페이지 www.commbooks.com

ZMANZ
5-11, Seongbuk-ro, Seongbuk-gu, Seoul, 02880, KOREA
phone 82 2 7474 001, fax 82 2 736 5047
e-mail zmanz@commbooks.com
homepage www.commbooks.com

ISBN 979-11-288-3178-2
979-11-288-3179-9(큰글씨책)
979-11-288-3180-5(PDF 전자책)

책값은 뒤표지에 있습니다.

지식을만드는지식은
지구촌 시대의 고전과 한국 문학을 출판합니다

도서목록 확인하고 5권 무료로 읽으세요

QR코드를 스마트폰으로 스캔하면 지만지 책 1800여 종과 바로 만날 수 있습니다. 홈사이트 컴북스닷컴(commbooks.com/지만지-도서목록/)으로 접속해도 됩니다. 회원가입을 하면 홈사이트에서 책 5권(번)의 전문을 디지털북으로 읽을 수 있는 컴북스캐시를 충전해 드립니다. 캐시를 받으려면 카카오톡에서 아이디 '컴북스'를 친구로 등록한 뒤 회원가입 아이디를 카톡으로 알려주십시오.

지만지고전선집

전 세계에서 100년 이상 읽혀 온 고전 가운데 앞으로 100년 동안 읽혀 갈 고전 중의 고전

인문

교육학 ≪루소 교육 소저작≫ 외
역사/풍속 ≪속일본기≫ 외
인류학 ≪여정의 두루마리≫ 외
종교 ≪동경대전≫ 외
동양철학 ≪귀곡자≫ 외
미학 ≪미학 강의(베를린 1820/21년)≫ 외
서양철학 ≪어느 물질론자의 마음 이야기≫ 외
지리학 ≪식물지리학 시론 및 열대지역의 자연도≫ 외

사회

경제학 ≪정치경제학의 민족적 체계≫ 외
군사학 ≪군사학 논고 천줄읽기≫ 외
사회학 ≪증여론 천줄읽기≫ 외
언어학 ≪일반언어학 강의≫ 외
미디어학 ≪제국과 커뮤니케이션 천줄읽기≫ 외
정치학 ≪관료제≫ 외

자연과학

물리학 ≪상대성 이론≫ 외
수학 ≪확률에 대한 철학적 시론≫ 외
생물학 ≪진화와 의학≫ 외
천문학 ≪코페르니쿠스 혁명≫ 외
의학 ≪치과 의사≫ 외
과학사 ≪그리스 과학 사상사≫ 외

문학

한국 ≪포의교집≫ 외

중국 ≪서상기≫ 외

일본 ≪바다에서 사는 사람들≫ 외

아시아 ≪물고기 뼈≫ 외

고대 그리스 ≪히폴리투스≫ 외

영국/미국 ≪빨래≫ 외

독일 ≪길쌈쟁이들≫ 외

프랑스 ≪홍당무≫ 외

스페인 ≪위대한 술탄 왕비≫ 외

러시아 ≪유리 나기빈 단편집≫ 외

유럽 ≪로칸디에라≫ 외

아프리카 ≪아딜리와 형들≫ 외

중남미 ≪네루다 시선≫ 외

퀘벡 ≪매달린 집≫ 외

예술

미술 ≪예술에 관한 판타지≫ 외

연극 ≪풍자화전≫ 외

한국문학선집

한국문학의 어제와 오늘을 총정리하는 사상 초유의 기획

초판본 한국소설문학선집

한국 근현대문학 120년, 대표 작가 120명의 작품집 101권

초판본 한국시문학선집

한국 근현대문학 120년, 작고 시인 101명의 작품집 99권

한국문학평론선집

한국 대표 문학평론가 50인의 평론집 50권

한국수필문학선집

한국 대표 수필가 50인의 수필집 50권

한국희곡선집

문학성과 공연성이 입증된 한국 대표 희곡 100권

한국 대표 시인의 육필시집

한국 시단을 주도하는 시인들이 직접 쓴 시집 80권

한국동화문학선집

한국 아동문학사에 기록될 동화작가 120명의 작품집 100권

한국동시문학선집

한국 동시의 역사이자 좌표, 동시작가 111명의 작품집 100권

단행본

≪고려 후기 한문학과 지식인≫ 외